これからはじめる人のための
FX練習帳

ドリルで覚える外国為替最強投資術!!

持田有紀子
＋FXプライム 編

問題形式でFX知識力を養おう！

　ネットで24時間、取引ができるFX（外国為替保証金取引）。少ない資金で大きなリターンが期待できるため、個人投資家の間で認知度が急激に高まってきている。
　本書は難解に思われがちな外国為替に関する事柄を、テスト形式で出題・解説している。そのため、問題を解いていけば自然と外国為替の知識を身につけることができる。FX初心者の入門書、また個人トレーダーのレベルアップ書としても、活用できる一冊。あなたのFX知識力はどのレベルか、試してみよう！

CONTENTS

目次

第①章 FXのイロハ …… 5

- **006** FX基礎講座Q&A
  演習問題に入る前に知っておきたい
- **010** FX7つのポイント
  実際に取引する前に知っておきたい
- **014** 【FX投資模擬テスト】FXに関する基礎的な問題／解答・解説

第②章 取引通貨の特徴 …… 23

- **024** 米ドル USD
- **026** ユーロ EUR
- **028** 英ポンド GBP
- **030** 豪ドル AUD
- **032** NZドル NZD
- **033** カナダドル CAD
- **034** スイスフラン CHF
- **035** 南アフリカランド ZAR
- **036** シンガポールドル／香港ドル SGD／HKD
- **037** 【FX投資模擬テスト】通貨に関する問題／解答・解説

002 これからはじめる人のためのFX練習帳

第3章 ファンダメンタルズ／需給 39

- **040** 為替相場が動くメカニズムを知る！ ファンダメンタルズとは？
- **042** ファンダメンタルズに影響を与える 経済指標
- **042** 生産 PRODUCTIONS
- **043** インフレ INFLATION
- **044** 雇用 EMPLOYMENT
- **045** 収支 BALANCE
- **046** センチメント調査 SENTIMENT CHECK
- **047** 消費 CONSUMPTION
- **048** 国家の思惑と相場の期待感が交差する 中央銀行の金融政策
- **052** ひとりの発する言葉が為替市場を混乱に導くことも 要人発言
- **054** 思わぬ出来事が国の経済にダメージを与える 政治問題や突発事項
- **056** 米ドルは株や商品市場と密接にリンクする 他の金融マーケット
- **060** FX投資 模擬テスト ファンダメンタルズ・需給に関する問題／解答・解説

第4章 テクニカル分析 65

- **066** 「勘」だよりでは常勝トレーダーにはなれない！ テクニカル分析とは？
- **068** 相場の流れをつかむ必須アイテム トレンドライン

003 これからはじめる人のためのFX練習帳

目次

071 **移動平均**
市場の「平均コスト」が一目瞭然！

074 **一目均衡表**
「雲」の状態で売買のタイミングをつかむ！

077 **ボリンジャーバンド**
統計学を駆使して相場反転局面を予測する！

080 **パラボリック**
「逆ポジション」投資に絶大な効力を発揮する！

081 **フィボナッチ**
黄金分割を利用して「戻り」「押し目」を計る！

082 **RSI**
相場の過熱感を敏感につかむ！

083 **ストキャスティクス**
2本のラインから相場の状態を見るオシレーター系指標！

084 **サイコロジカル**
投資家の複雑な心理を映す鏡のような指標！

085 **MACD**
移動平均線の動きに注目して売買ポイントを探る！

086 **FX投資模擬テスト テクニカル分析に関する問題／解答・解説**

第5章 FXマスタードリル 93

107 **お役立ち用語集**

004 これからはじめる人のためのFX練習帳

第1章 FXのイロハ

これだけは絶対に覚えておきたい！

FX基礎講座Q&A	P006
FX7つのポイント	P010
FXに関する基礎的な問題／解答・解説	P014

取引会社【信託保全スキーム】
注文方法【基本は3種類】
評価損益と実現損益【損益の出る仕組み】
ストップロス【取引会社による一定のルール】
レバレッジ【小さな力で大きな効果を】
スワップポイント【2国間の金利差】
確認すること【いつもチェックは忘れずに】

外国為替保証金取引（FX）は、24時間いつでも投資が可能なため、個人投資家には最適な投資である。そのことなどがここ最近のFXの認知度アップにつながっている。とはいえ、覚えておかなければいけないこともある。まずはFXをはじめる前に知っておきたい基礎的なことを紹介しよう。最後に問題も掲載したので、復習に役立ててほしい。

第1章 FXのイロハ ■ FX基礎講座Q&A

演習問題に入る前に知っておきたい
FX基礎講座 Question Q&A Answer

1998年の外為法改正によって、個人投資家も参加できるようになった外国為替取引。外貨預金や外貨MMFなど外国為替の金融商品があるなかで、特にFX（外国為替保証金取引）は、小額資金で投資ができるとあって多くの個人投資家が参加している。現在では、ニューヨークの為替市場において「キモノトレーダー」という言葉が生まれるほど日本の個人投資家は、世界的に注目されるまでになった。

これほど人気のあるFXとは、はたしてどんな投資なのか？ここではFXの魅力と仕組みをやさしく解説しよう。

Question 01 そもそも、FX（外国為替）って何？

Answer 異なる通貨を交換すること

FXという言葉は「Foreign Exchange＝外国為替」という英語の略称だ。外国為替保証金取引の通称名として使われることも多くなったが、保証金取引だけでなく現金や小切手で行なわれるすべての外国為替取引を表している。その外国為替とは、異なる通貨の交換のこと。そして、異なる通貨を交換する時の値段が「為替レート」で、レートを決定するための市場を外国為替市場と呼んでいる。その1日あたりの取引高は全世界でおよそ350兆円で、まさに巨大な市場となっている。

Question 02 通貨ペアって何？

外国為替というのは、通貨の交換で、交換するには必ずふたつの通貨が一対になっている必要がある。これを「通貨ペア」といっている。円と米ドルの通貨ペアの場合は、「USD／JPY」（以下、ドル円）のように表示され、先にくる（＝表示の左）通貨1単位に対して、次にくる（＝表示の右）通貨でいくらという具合になる。この場合だと、「1ドルは

○円」ということになる。各通貨の表示方法（＝カレンシーコード）と、通貨ペアのうちどちらが先にくるか（＝ペアコード）には決まりがあるので、覚えておこう。

交換するふたつの通貨のこと

Question 03
最近、大人気の外国為替保証金取引（FX）って、どんな投資方法？

Answer
保証金によって少ない金額の元手で、大きな取引ができる投資

外国為替取引のなかでも、外国為替保証金取引には、保証金システムが使われている。保証金システムというのは、保証金を担保として取引会社に預託し、この保証金を元手に大きな価額の取引を行なうというものだ。保証金システムでは「差金決済」という方法が取られ、取引によって発生する差額だけを、取引を終了する時に清算することになっている。差額がプラスの場合には、保証金にその金額が加算されるし、差額がマイナスの場合には、預けた保証金のなかからその金額が減額される。差額分だけを手当てすればよいので、少ない金額を元手に、大きな取引ができるわけだ。

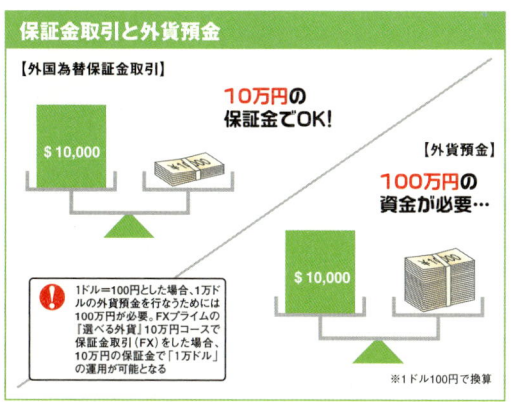

保証金取引と外貨預金
【外国為替保証金取引】
$10,000　10万円の保証金でOK！
【外貨預金】
100万円の資金が必要…
$10,000
※1ドル100円で換算

！1ドル＝100円とした場合、1万ドルの外貨預金を行なうためには100万円が必要。FXプライムの『選べる外貨』10万円コースで保証金取引（FX）をした場合、10万円の保証金で「1万ドル」の運用が可能となる

Question 04
FXは小額でも取引ができるって聞くけど、それって本当？

Answer
保証金システムを使うので、1万円からでも取引可能

1万米ドルの外貨預金をするとしよう。1万米ドルを円と交換する場合、1万米ドルに相当する円の現金を用意しなければならない。しかし外国為替保証金取引では、保証金システムを使っているので、たとえば1万米ドルに対して1万円からでも取引が可能だ。1万米ドルの為替レートが1円変動した場合の損益は1万円。プラス1万円の方向に為替レートが動いた場合には、同じ1万米ドルへの投資に対して、外貨預金の元手が100万円ならば101万円に、預けた保証金が10万円ならば11万円になる。同じ為替レート1円の動きで、利回りにするとプラス10％。しかし逆にマイナス1％とプラス10％。Bさんの預金は99万円になり、Aさんの保証金は9万円になる。外国為替保証金取引は、小額からでも投資ができるため、投資効率もよいといえるが、保証金に対して利益、損失ともに大きくなる傾向がある。

Question 05
FXはいつ、どうやって取引するの？

Answer
外国為替の取引は、株式などのように、決められた場所でしか売買できない取引ではない。為替のマーケットをリードしているのは、銀行などの金融機関であり、個人投資家が直接参加することはできない。銀行や大手証券会社を中心とする取引市場をインターバンク市場といい、インターバ

外国為替の取引は、株式などのように、決められた場所でしか売買できない取引ではない。為替のマーケットをリードしているのは、銀行などの金融機関であり、個人投資家が直接参加することはできない。銀行や大手証券会社を中心とする取引市場をインターバンク市場といい、インターバンク市場を中心となって外国為替の365日24時間、いつ、誰が、どこで、いくら売買してもいいのだ。しかし参加者の中心となって

第1章 FXのイロハ ■ FX基礎講座Q&A

Question 06

為替市場が一番盛り上がる時間はいつ？

Answer
日本時間の20時～深夜1時くらいが一番活発に

1日の為替レートの動きを、ドル円相場（USD/JPY）で見てみよう。これはチャートと呼ばれる図で、値動きを表している。このチャートは30分刻みのものだが、黄色の部分が主な東京時間。日本は地理的に欧米とは地球の反対側となるため、多くの参加者が寝ている時間帯となる。「値段は夜作られる」という言葉で「値段は夜作られる」というのがあるが、外国為替市場が活発に動く時間の中心は図の水色部分、つまり日本時間の20時～深夜1時くらい。日本時間の20時～深夜1時くらいまでこの時間帯は、特に欧州市場の中心であるロンドン市場の午後と、飛び交うため、為替相場にとっては目が離せない時間帯となっている。経済指標やさまざまなニュースも経済の中心地であるニューヨーク金融の中心地であるニューヨーク市場の午前が重なり、参加者がた。

いへん多くなる傾向にあるからだ。為替レートに影響を与えるような

Answer
土日以外、24時間取引ができる

米国東部時間の17時、日本時間の7時（サマータイムの場合は日本時間の6時）が採用されている。また、外国為替保証金取引は主にインターネットを通じたネット取引となっている。中央銀行や銀行は、土日や祝日に取引を行なっていないため、外国為替保証金取引も一緒に休みとなっている。この休み以外は、連続してほぼ24時間、いつでも取引を行なうことができるのだ。ちなみに、1日の終値として米国東部時間の17時、日本時間のレートで注文と金銭の売買ができるようになっているので参考になる。

ンク市場を基準に為替レートが決まっていく。また最終的な通貨の決済を行なうのは、各国の中央銀行である。中央銀行や銀行は、土日にインターネットを通じたネット取引となっている。外国為替保証金取引は主に取引を行なっていないため、外国為替保証金取引も一緒に休みとなっている。この休み以外は各会社が提供している「デモ取引」というサービスを利用してみよう。架空のお金を使って実際のレートで注文と売買ができるようになっているので参考になる。

Question 07

「ビッド(Bid)」と「オファー(Offer)」って何？

Answer
買う値段が「オファー(Offer)」、売る値段が「ビッド(Bid)」

株式のようにひとつの場所にすべての注文を集めて値段を決める「取引所取引」と異なり、外国為替市場は、値段を出す人と取引したい人との間だけで行なわれる「相対取引」だ。そのため、ある同日、同時刻の値段は「取引所取引」では仲介する会社に関係なく同じだが、「相対取引」では値段を出す会社によって異なるものが普通。しかし為替レートは、インターバンク市場のレートを基準にしているため、標準から著しくかけ離れることはない。また外国為替の相場は、「ビッド(Bid)」/オファー(Offer)」というふたつの値段の組み合わせで表示される。低いほうのレートを「ビッド(Bid)」、高いほうのレートを「オファー(Offer)」と言い、買う場合には「オファー(Offer)」の値段で、売る場合には「ビッド(Bid)」の値段で行なうことになる。

Bid	Offer
110.26	110.30
自分が売るレート	自分が買うレート

第1章

Question 08
「ロング」と「ショート」って何？

Answer
「ロング」は、買って持っていること、「ショート」は、売って持っていること

「ロング」というのは、買って持っていること、「ショート」は、売って持っているものを差している。「ドル円ロング」は米ドルを買う、「ドル円ショート」は米ドルを売るということ。これは株式などの売買でも使われる言葉だが、外国為替取引は通貨の交換だから、反対からみれば、「ドル円ロング」は「円のショート」、「ドル円ショート」は「円のロング」ということになる。しかし外国為替の慣行では、必ず基準になる通貨（＝通貨ペアの左側に表示される通貨）が、ロング、あるいはショートと表現する。つまり、円をロングにしたい場合には、ドルを売ればいいということになる。

また外国為替取引は、動いた値幅だけがポイントとなるから、売買のスタートがロングからでも、ショートからでも、どちらからでも入ることができるのだ。

Question 09
「ポジション」って、どういうもの？

Answer
取引をして決済するまでの状態のこと

「差金決済」の取引では、いずれどこかの時点で、必ず決済をすることが前提。たとえば、ドル円ロング（買い）であれば、米ドルを売って決済するし、ドル円ショート（売り）であれば買って決済する。決済するまでの状態をポジションといい、買ってポジション取りするもので、逆

に「ショートポジション」は為替レートが下落することを予想してポジション取りするもの。値段が上がるということは、基準になる通貨の価値が上がることを指し、また持っている「ポジション」を決済して、何もない状態にあることを「スクエア」といっている。

買って持っている場合には、「ロングポジション」、売って持っている場合には「ショートポジション」となる。「ロングポジション」は為替レートが上昇することを予想してポジション取りするもので、逆

Question 10
損益計算の仕方って、難しそう……

Answer
為替差損益は通貨ペアによって計算方法が異なる

USD/JPY（ドル円）で、1万米ドルを110円でショート（売りポジション）にしたとしよう。為替レートが111円となれば、1万米ドル×1円（1円＝110円）＝1万円の為替差損が発生する。「EUR/JPY（ユーロ円）」で、10万ユーロを150円でロング（買いポジション）にした場合、155円になれば、10万ユーロ×5円（155円−150円）で50万円の為替差益となる。

るが、「EUR/USD」や「GBP/USD」の場合は円換算する必要がある。たとえば1万ユーロを1・4500ドルでロング（買いポジション）にした場合、1・4600になったとしたら、1万ユーロ×0・0100（1・4600−1・4500）＝プラス100ポイント（100ドル）となる。これを円換算するために、「USD/JPY」の為替レート（仮に108円とする）を掛け合わせ、1万800円という差益を求める仕組みとなっている。差損を求める場合も同様となる。

通貨ペアの右側に表示される通貨が円の場合には簡単に計算でき

第1章 FXのイロハ ■ FX7つのポイント

実際に取引する前に知っておきたい FX 7つのポイント POINT

取引会社 / 注文方法 / 評価損益と実現損益 / ストップロス / レバレッジ / スワップポイント / 確認すること

FX（外国為替保証金取引）についてのQ&Aが解決したら、実際に取引を始める前に知っておくべきことを、しっかりとおさえておこう。FXに関わるリスクには、どのようなものがあるのか、注文はどう行なえばいいのか、1分1秒で変動する為替レートの取引で、いつ利益が確定できるのか──などなど、実際の取引に必要な7つのポイントを解説しよう！

信託保全スキーム

FX（外国為替保証金取引）は、元本のあるリスクのある金融商品だ。取引をはじめる前には必ず、リスクが発生する可能性をよく理解しておく必要がある。

売買による損失については投資家の自己責任が原則だ。元本は保証されないので、ロスカット（損切り）のタイミングなどは投資家の判断がすべてとなる。まずその点を肝に銘じておきたい。

もうひとつのリスクとして挙げられるのが、投資家の取引を仲介する取引会社のリスクだ。たとえば取引会社が破綻した場合、投資家の資金はどうなってしまうのか。大切な資産（お金）をリスク商品に投資するわけだから、取引会社の情報をまず確認しておこう。きちんとした取引会社を選ぶこともひとつのリスクヘッジにつながるのだ。

すべての取引会社には、金融庁への登録が義務づけられていて、金融庁のホームページ（http://www.fsa.go.jp）で

登録情報なども確認できる。また投資家の資産である保証金は、分別管理しなければならないことになっている。この方法のひとつとして「信託保全」といわれるものがある。これは、取引会社が破綻した場合であっても、投資家の保証金は保全されるという仕組みのことで、このようなスキームを採用している会社もある。安心して取引に専念するためにも、どのような分別管理の方法がとられているかも確かめてみよう。

Point 1　いろんな会社があって迷う…

取引会社

FXプライムの信託保全スキーム

【平常時】投資家 入金/出金 FXプライム ─ 資産の信託状況の監督 / 信託・交付 信託銀行 ─ 信託残高報告書 ─ 受益者代理人

【倒産時】FXプライムの場合、みずほ信託銀行と信託契約を締結し、投資家の資産を分別管理している。万一、FXプライムが破綻した場合でも、投資家の資産は受益者代理人によって直接、返還される

投資家 ─ 資産の返還 / FXプライム（×） / 信託財産の交付 信託銀行 ─ 受益者代理人

基本は3種類

Point 1

いろいろな注文方法があるので、いくつか紹介しよう。

第一に「成行注文」。これは、値段を指定しないで、現在マーケットに表示されている値段で売買する方法だ。売る場合には「ビッド（Bid）」のレートで、買う場合には「オファー（Offer）」のレートで取引を成立させる。通常、すぐに取引を成立させたい時などに行なう注文方法だ。

次に「指値注文」。これは値段を指定して注文する方法だ。つまり、ここまで安くなったら買う、ここまで高くなったら売るという注文のこと。為替レートが注文の値段まで到達すれば注文が成立する。

「ストップ注文」または「逆指値注文」は、ある値段より下がったら売る、もしくはある値段より上がったら買うという方法だ。ポジションをつくった後、ロスカットをする際にも用いられる。

この「成行注文」「指値注文」「ストップ注文」が注文方法の

Point 2 どうやって注文しよう… 注文方法

基本といえる。次に紹介する注文方法は、これらの基本的な注文方法を組み合わせたものといえる。

「イフダン注文」は、新規注文と決済注文を一度に出すことができるセット注文方法。「OCO注文」は、決済注文のひとつで指値と逆指値の注文を同時に出すこともできるものである。

注文方法　基本の3つ

通貨ペア	Bid	Offer
USD/JPY（ドル円）	119.96	112.00

通貨を買う時は「Offer（オファー）」を、売る時は「Bid（ビッド）」の値段で売買する

【成行注文】
112.00 ←ここで買う
現時点

【指値注文】
119.96 ←ここで売る
111.00 ←買い注文
現時点

【逆指値注文】
113.00 ←ここで売る
119.96 ←ロスカットのための買い注文
現時点

損益の出る仕組み

ポジションを作った瞬間から、為替レートが変動するたびに損益も変動する。

たとえば、「USD/JPY（ドル円）」のレートが、「1.96-112.00」と表示されていたとしよう。これで1万米ドルを日本円で購入する。購入の場合は「オファー（Offer）」のレートを「買う」ので、1ドル112.00円で購入することになる。ロングポジションを決済する時は「ビッド（Bid）」この値段で評価される。

つまりポジションを作った後、為替レートがまったく変動しないとしたら、必ず損益はマイナスからスタートする。このビッドとオファーの差をスプレッドといい、取引会社や通貨などによって異なっている。

では、損益が確定するのはいつなのだろうか。為替取引の場合、一般的に決済するのは決済を行なった後の「評価損益」、決済を行なう前の損益を「評価損益」、決済を行なった後の損益を「実現損益」という。

Point 3 利益はいつ確定するんだろう… 評価損益と実現損益

112.00で購入したレートが変動し、「112.42-112.46」となったとしよう。この時に決済した場合、1万米ドル×（112.42-112.00〈購入時のオファー〉）=4200円が、実現益となる。なお、「評価益」は利益確定の反対売買を行なわない限り、口座から引き出すことはできない。

損益シミュレーション

※このシミュレーションでは手数料、スワップポイントは換算していない売買のみの損益。スワップポイントについてはP13を参照のこと

【ロングの場合】
112.42
112.00
買い　売り
112.42−112.00=0.42円 × 1万米ドル
4200円

【ショートの場合】
112.42
112.00
売り　買い
112.00−112.42=▲0.42円 × 1万米ドル
▲4200円

第1章 FXのイロハ ■ FX7つのポイント

Point 4 あまり損失を増やしたくないが…
ストップロス

取引会社による一定のルール

外国為替取引の売買では、プロの間でも、不必要な損失を抱えないための方法としてストップと呼ばれるロスカット（=損切り）がよく行なわれる。人の心とは弱いもの。一度、損失が発生してしまうと、冷静な判断ができないことがある。そこから回復するかもしれない」「いや、これからもっと下がるかも……」と、迷いが発生して冷静な判断ができないことがある。そこであらかじめ一定のルールを設定しておくのだ。

FX（外国為替保証金取引）は、小額から参加することもでき、保証金に対して大きな利益も狙える。しかしその一方、大きく為替レートが動いた時などは大きな損失を抱えてしまう可能性もある。何もしないで評価損を出していると、保証金そのものがゼロになり、最悪の場合にはマイナスになってしまうこともあり得る。

そこで、多くの取引会社では投資家の損失拡大を防ぐ

ため、あらかじめ一定の水準に損失確定の逆指値注文を設定し、その水準に達した場合には逆指値注文が執行されてポジションが決済されるシステムを採用している。

しかしこの「ストップロス」は最悪のケースでの発動といえる。このような事態にできる限りならないように、自分でストップのレベルを決めて損切りを行なうことが好ましいだろう。

FXプライムの自動ストップロスまでの値幅

下図表はFXプライムの場合。ストップロスの値幅は各取引会社によって異なるので取引の前にチェックしておくこと

コース	1万円コース	2.5万円コース	5万円コース	10万円コース	20万円コース	30万円コース	40万円コース	50万円コース	100万円コース
自動ストップロス幅（対円通貨ペア）	50銭	2円	4円	8円	16円	24円	32円	40円	80円
自動ストップロス幅（対ドル通貨ペア）	50P	125P	250P	500P	1000P	1500P	2000P	2500P	5000P

小さな力で大きな効果を

FX（外国為替保証金取引）で、「レバレッジ」という言葉をよく目にするだろう。「レバレッジ」とは、「てこの原理」のこと。これは小額の資金で多額の資金を動かせるため、「てこの原理」を使うように、小さな力で大きな石を持ち上げるという意味で使われ、「レバレッジ○倍」という具合に、倍率で表されている。

たとえば1万米ドルのポジションを持つために必要な保証金が1万円だとしよう。ドル円の為替レートが100円だった場合、本来ならば1万米ドル持つためには、100円×1万米ドル=100万円必要となる。しかし1万円の保証金だけでよいということは、100倍の資金効果があるということ。ここからレバレッジ100倍という表示がされている。

どの程度の保証金が必要で、どのくらいのレバレッジがかかるのかという基準は、取引会社によって異なる。また、

Point 5 よく目にするこの言葉って、何…
レバレッジ

レバレッジとは？

FXプライムの場合、最低1万円の保証金で約1倍～約200倍まで取引できる。保証金の金額によってレバレッジの幅は異なるので、資産と取引したいスタイルに合わせてチョイスしよう

約1倍～約200倍　1万円

為替レートがつねに変動する一方で、保有するポジションの通貨単位は変わらないため、倍率自体も変動する。

ひとつ覚えておきたい点は、レバレッジが低いほど、自動ストップロスまでの値幅が拡大するが、ロスカット注文が執行された場合には損失額も大きくなるということ。自分の投資スタンスに合ったコースを選ぶことが大切だし、レバレッジが低くても求められるリスク管理は同じであることを理解しておこう。

2国間の金利差

前

述した「レバレッジ」と同様、FX（外国為替証拠金取引）では、「スワップポイント」という言葉もよく目にする。これは、通貨ペアの金利差から生まれるポイントのことを表している。

通貨にはそれぞれにある一定の金利が定められている（もちろんこの金利も変動する）。ドルにはドルの金利が、円には円の金利があり、その金利差を「スワップポイント」と呼ぶ。したがって金利の高い通貨と金利の低い通貨のペアを売買した場合は、「スワップポイント」が発生することになる。

この「スワップポイント」は、米国東部時間17時をまたいでポジションを持ち続けるための保有コストと考えればよい。金利の高い通貨のショート（売りポジション）ではスワップポイントを支払い、逆にロング（買いポジション）の場合はスワップポイントを受け取るということを頭に入れておこう。

Point 6　金利差を支払ったり受け取ったり…
スワップポイント

スワップポイントの計算は取引会社が行なってくれ、各会社のホームページなどで確認することができる。日割りで計算されて、生じるプラスマイナス分の金額は、自動的に評価損益に増減される仕組みがほとんどなので、自分で計算をする必要はない。

なお、高金利通貨のロング（買いポジション）などは大変有利に感じることもある。しかし、為替相場の変動は金利差以上に大きいので、十分に注意が必要でもある。

いつもチェックは忘れずに
大

切な自分のお金で取引するわけだから、保証金の残高については、どのような状態になっているか、いつも確認するようにしましょう。「いきなり取引はちょっと不安…」という人は、架空のポジションを持った後に、為替レートの変動でどのように保証金に反映されていくか、スワップポイントはどこにどのように表示されるのかを、売買をはじめる前に、このデモ取引などを通して、知っておくべきだ。

実際に本格的に売買を始めたら、出す注文の内容が間違っていないかどうか、出した文がないかどうか、損益や保証金残高は自分の計算と合っているかどうか、小まめに確認しよう。

またポジションを持っていない場合はもちろんのこと、スクエアであっても、次の一手に向けて必ず為替レートの値

Point 7　FXを始める前にこれだけは…
確認すること

動きに影響するような、最低限のニュースや情報は、つねに気に留めるように心がけよう。なお、FXプライムではサイト上から無料で参加できる「無料デモトレード」を提供している。トレード画面とほぼ同じ画面を使って、実際の取引とほぼ同じ体験をすることが可能だ。まずは外国為替取引の世界に慣れること。これが大切なのだ。

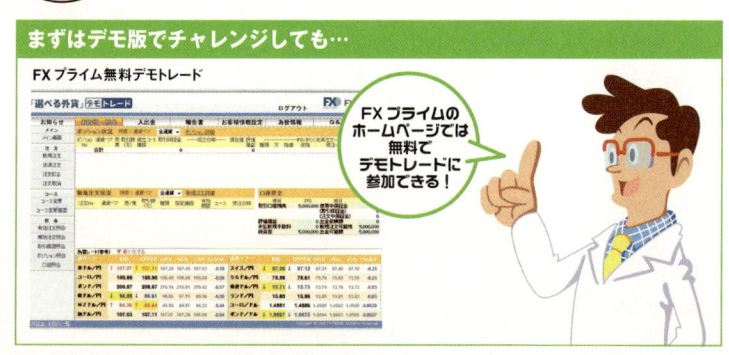

FX投資模擬テスト
基礎的なFXに関する問題

100点

FX投資に限らず、投資にはつねにリスクはつきものである。大切な資金を投入するのだから、リスクをなるべく軽減したいはずだ。そのリスクを避けるための最大の武器は"知識"である。ここではFX投資をはじめるにあたって最低限、頭に入れておきたいことを出題した。問題を解いて、しっかりと基礎知識を身につけよう！

Question

検定1　【外国為替の基本にトライ！】　　　各1点×9

1 「ドル円」の表示として正しいものは？
①EUR/JPY　②USD/JPY　③GBP/JPY　　[　　]

2 「USD/JPY＝120.00」の表記について正しい説明は？
①1円が120ドル　②10ドルが120円　③1ドルが120円　　[　　]

3 ニュースなどでいう「円高」の説明として正しいものは？
①ドルの価値が下がることで、120円が119円になること
②円の価値が上がることで、120円が121円になること　　[　　]

4 正しい場合は○を、正しくない場合には×を記入しなさい。
「外国為替市場では実需にともなう取引が大半を占めるため、日本の自動車メーカーが海外で売り上げを伸ばすとその年は円高になる」　　[　　]

5 通貨ペアの組み合わせ表示方法で標準的でないものは？
①JPY/AUD　②EUR/JPY　③USD/CHF　　[　　]

6 為替相場で、比較的活発に動く時間帯は？
①東京の時間帯　②ロンドンとニューヨークが重なる時間帯　　[　　]

7 正しい場合は○を、正しくない場合には×を記入しなさい。
「世界の基軸通貨は大英帝国を築いた英国のポンドであり、通貨はポンドを中心に取引されている」　　[　　]

8 正しい場合は○を、正しくない場合には×を記入しなさい。
「外国為替保証金取引を取り扱うどの会社も、インターバンク市場のレートに基づいて為替レートを提示しているため、どこで取引してもレートは同じである」　　[　　]

9 外国為替の1日の終値として使われる時間は？
①ロンドン市場のクロージング　②東京市場のクロージング
③ニューヨーク市場のクロージング　　[　　]

検定2 【外国為替保証金取引の概要をおさえよう!】 各1点×16

10 取引口座を開く前に、実際のレートで取引を体験できるものを何というか?
　　①外国為替取引　②スワップ口座　③デモ取引　　　　　　　　　[　　]

11 取引会社を選ぶ基準で、以下のなかで最も重視すべきものは?
　　①宣伝を数多く行なっている　②保証金が分別管理され、信託保全となっている
　　③キャンペーンが充実している　　　　　　　　　　　　　　　　[　　]

12 正しい場合は○を、正しくない場合には×を記入しなさい。
　　「外国為替保証金取引は、取引によって発生する差額の授受だけで決済を行なっているため、小額の資金でも取引が可能となっている」　　　　[　　]

13 正しい場合は○を、正しくない場合には×を記入しなさい。
　　「外国為替保証金取引には、株式の信用取引や商品先物取引とは異なり、決済期限は存在しない」　　　　　　　　　　　　　　　　　　　　[　　]

14 取引に必要な保証金はいつ支払うのか?
　　①口座開設時点　②口座を開設し、取引をはじめる前　③決済した時
　　　　　　　　　　　　　　　　　　　　　　　　　　　　　　　　[　　]

15 保証金は誰のものか?
　　①投資家　②取引会社　　　　　　　　　　　　　　　　　　　　[　　]

16 正しい場合は○を、正しくない場合には×を記入しなさい。
　　「取引口座を開く場合、一度取引をする通貨ペアを選んだら、他の通貨ペアの取引はできない」　　　　　　　　　　　　　　　　　　　　　　[　　]

17 FXの取引時間として、以下のなかで正しいものはどれか?
　　①9時～15時　②24時間　③7時～24時　　　　　　　　　　　　[　　]

18 正しい場合は○を、正しくない場合には×を記入しなさい。
　　「夜中は注文を入れることができない」　　　　　　　　　　　　[　　]

19 口座照会画面で自分の口座状況を確認することができるが、下の画面の場合はあといくらまで保証金として使えるか?

口座照会			
項目	(円)	項目	(円)
取引口座残高	500,000	使用中保証金	0
		(取引保証金)	
		(注文中保証金)	0
評価損益	0	出金依頼額	0
未払新規手数料	0	新規注文可能残	500,000
純資産	500,000	出金可能額	500,000

①30万円　②50万円　③0円　　　　　　　　　　　　　　　　　　[　　]

20 自分のポジションを確認したい場合、どの画面を見ればよいか？

① ② ③

[　　　]

21 取引内容や取引画面の操作方法などで不明な点があった場合の対処法として正しいものは？
①ネットトレードなので、インターネットプロバイダーに確認する
②取引会社のヘルプデスクに確認する
③友人に連絡する

[　　　]

22 正しい場合は○を、正しくない場合には×を記入しなさい。
「取り消し忘れていた新規注文が成立してしまったので、取引会社に連絡をして成立したポジションの取り消しを依頼した」

[　　　]

23 FX投資を行なう際、市場動向で欠かせない時間帯は（日本時間）？
①22時前後　②18時前後　③午前3時前後

[　　　]

24 1万米ドルの取引をするのに、保証金1万円から可能な取引会社の場合、30万円の保証金を預けていれば、ポジションはどれだけ持つことができるか？
①10万ドル　②15万ドル　③30万ドル

[　　　]

25 正しい場合は○を、正しくない場合には×を記入しなさい。
「取引口座残高が50万円で現在の使用中保証金は25万円だが、評価益が30万円出ているので、40万円を引き出すことができる」

[　　　]

検定3 【取引用語と方法をマスターしよう！】　各2点×21

26 為替相場における価格表示として正しいものは？
①ビッドとオファーの2本建て　②1本値

[　　　]

27 ビッドとオファーではどちらの値段が高いか？
①ビッド　②オファー

[　　　]

28 自分が通貨を買う場合、ビッドとオファーのどちらの値段となるか？
①ビッド　②オファー

[　　　]

29 ビッドとオファーの差のことを何と呼ぶか？
　①スクエア　②ポジション　③スプレッド　　　　　　　　　　　　[　　]

30 正しい場合は○を、正しくない場合には×を記入しなさい。
　「ビッドとオファーの差であるスプレッドはどの会社でも同じである」[　　]

31 正しい場合は○を、正しくない場合には×を記入しなさい。
　「スプレッドの大きさは通貨ペアに関わらず一定で、為替レートが変わってもつねに一緒の差で動いていく」[　　]

32 何も持っていないところにドル円を買うと、ポジションはどうなるか？
　①ロングポジション　②ショートポジション　　　　　　　　　　　[　　]

33 正しい場合は○を、正しくない場合には×を記入しなさい。
　「外国為替保証金取引は、スワップポイントが受け取れるというメリットだけが外貨預金と比べて魅力的な点である」[　　]

34 10万ドルのショート（売り）ポジションをスクエアにしようと思ったら、どういうアクションを起こせばいいか？
　①１万ドルを買い戻す　②10万ドルを売る　③10万ドルを買い戻す　[　　]

35 値段が上がっている時に損失が出るポジションは？
　①ショート（売り）ポジション
　②ロング（買い）ポジション　　　　　　　　　　　　　　　　　　[　　]

36 ユーロ円のロングポジションを持っている時に利益を出すためには、相場はどうならなければいけないか？
　①ユーロ円のレートが下がる　②ドル円のレートが上がる
　③ユーロ円のレートが上がる　　　　　　　　　　　　　　　　　　[　　]

37 下の文章は「自動ストップロス」制度を説明したものである。正しい場合は○を、正しくない場合には×を記入しなさい。
　「自動ストップロス制度とは、投資家の損失の拡大を防止するため、取引会社が一定の評価損を超える水準に自動的にストップロス・オーダー（逆指値注文）を設定する制度である」[　　]

38 ユーロ円のレートが「160.00－04」の時に成行注文で売ったとすると、いくらで成立するか？
　①160.04円　②160.00円　　　　　　　　　　　　　　　　　　　[　　]

㊴ 下の文章は「逆指値（ストップ）注文」を説明したものである。正しい場合は○を、正しくない場合には×を記入しなさい。
「逆指値注文とは、特定のレベルを指定して、そこまで上がったら買い、あるいは下がったら売る注文である。ロスカット（損切り）に使われることが多い」　［　　］

㊵ 正しい場合は○を、正しくない場合には×を記入しなさい。
「逆指値は、指定レートよりも不利なレートで約定する」　［　　］

㊶ 現在の水準よりも高くなったら売る、あるいは現在の水準よりも安くなったら買うというように為替レートを指定して注文する方法を何というか？
①指値注文　②逆指値注文　③OCO注文　［　　］

㊷ レバレッジ100倍の説明として正しくないものは？
①損益が100倍になる　②取引保証金に対して100倍分に相当する取引ができる
③総代金の100分の１の保証金で取引ができる　［　　］

㊸ ドル円の為替レートが120.00円の時、保証金10万円で１万米ドルのポジションを保有するとレバレッジは何倍になるか？
①10倍　②12倍　③120倍　［　　］

㊹ 正しい場合は○を、正しくない場合には×を記入しなさい。
「スワップポイントは２カ国通貨間の金利差を為替レートのポイントで表したもので、保有するポジションに対して発生する」　［　　］

㊺ ユーロ円を売りポジションにした場合、スワップポイントはどうなるか？（08年２月現在）
①受け取る　②支払う　③受払いは発生しない　［　　］

㊻ ドル円のスワップポイントが、１万米ドルあたり「売り:105円－買い:100円」の場合、10万ドルの買いポジションを１日持ち越した場合のスワップポイントの受払い金額は？
①受払いは発生しない　②1000円受け取る　③1050円支払う　［　　］

検定4 【チャートをチェックしよう！】　各３点×４

㊼ 正しい場合は○を、正しくない場合には×を記入しなさい。
「チャートとは過去の値動きをグラフ化したもので、現在の相場水準などを確認することができる」　［　　］

48 チャートでは当日の相場の流れも確認できるが、下の図のドル円はどのように動いたか？
　①ドルは対円において、急上昇した
　②ドルは対円において下落基調

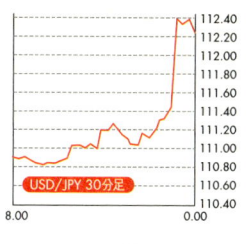

[　]

49 ユーロ円のチャートとして正しいものは？

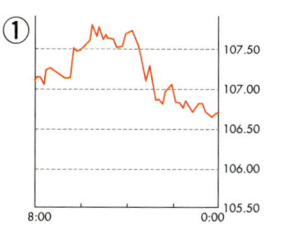 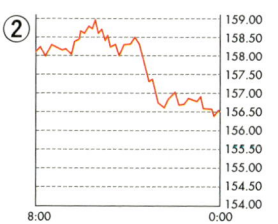

（08年2月時点）

[　]

50 ユーロドルのチャートとして正しいものは？

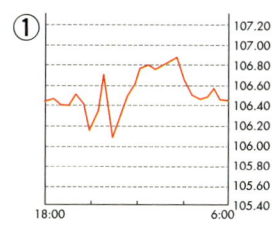 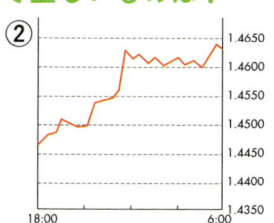

（08年2月時点）

[　]

検定5 【損益計算をしてみよう！】（手数料は考慮せず）　各3点×7

51 112.80円で2万米ドルの買いポジションを保有しているが、現在の為替レートが113.00円だとすると、為替差損益は？
　①2000円の評価損　②4000円の評価損　③4000円の評価益

[　]

52 51のポジションを1米ドル113.40円で売ったとすると、為替差損益は？
　①1万2000円の実現益　②6000円の実現益　③1万2000円の評価益

[　]

53 160.00円で10万ユーロの売りポジションを保有しているが、現在の為替レートが160.90円とした場合、為替差損益は？
　①9万円の実現益　②10万円の評価損　③9万円の評価損

[　]

Question

54 218.60円で5万ポンドの買いポジションを保有しており、これに対して決済注文を220.00円で出しているが、同注文が成立した場合の為替差損益は？
①10万円の実現益　②7万円の実現益　③4万円の実現損
[　　　]

55 110.00円で7万米ドルの買いポジションを保有しているが、このポジションを決済せずに新たに109.00円で7万米ドルを買った場合の保有ポジションの合計は？
①14万米ドルの買いポジション　②ポジションなし
③14万米ドルの売りポジション
[　　　]

56 55のポジションを110.20円ですべて決済した場合の為替差損益は？
①4万9000円の実現益　②9万8000円の実現損　③9万8000円の実現益
[　　　]

57 1.4500ドルで20万ユーロの売りポジションを保有しているが、1.4550ドルになった場合、為替差損益は？
①100ドルの評価益　②1000ドルの評価損　③100ドルの評価損
[　　　]

解答

1 解答②
【解説】①はユーロ円、③はポンド円

2 解答③
【解説】1ドルの値段を、円価でいくらなのかを表示している。

3 解答①
【解説】ドル円の通貨ペアではドルの値段を基準にしているので、数字が大きくなると米ドルの価値が円に対して上がることを意味し、すなわち円安となる。逆に数字が小さくなると米ドルの価値が円に対して下がり、円高となる。

4 解答×
【解説】外国為替取引の約8割が投機資金であるため、実需だけで為替レートが大きく動くということは考え難い。

5 解答①
【解説】通貨ペアには決まりがある。P6でもう一度確認しよう。

6 解答②
【解説】ロンドン市場の午後とニューヨーク市場の午前が重なる日本時間の20時～1時ごろが、市場参加者が多くなることに加え、欧米経済指標の発表や各国要人の発言が多いため、値動きは比較的激しくなる。

7 解答×
【解説】昔、基軸通貨は英ポンドだったが、第二次大戦後においては米ドルがそれに変わる地位となっている。

8 解答×
【解説】相対取引が主流であるため、取り扱う会社によって提示する為替レートは異なるが、インターバンク市場のレートを参考にしているので、通常時であれば大きく乖離することはほとんどない。

9 解答③
【解説】外国為替市場の1日の終わりは、米国東部時間17時である。

10 解答③
【解説】デモ取引を通して実際のレートで売買をし、体験しながら取引の仕方を学べるサービスを提供している会社もある。

Answer

11 解答②

【解説】もし取引会社が破綻しても、投資家から預かった保証金が信託銀行で分別管理されていれば保証金は法的に守られる仕組みになっている。

12 解答○

【解説】外国為替保証金取引は、一定の保証金を担保として預け入れることにより、取引に必要な保証金よりも大きい価額の外国為替取引ができる金融商品である。そのため、取引によって発生する差額の授受を行なうだけで総代金のやり取りは必要ない。

13 解答✕

【解説】外国為替保証金取引の多くは、スポット（直物）取引だ。スポット取引は、売買が約定すると通貨の交換を2営業日後に行なう取引である。つまり、ドルを買った場合は2営業日後にドルを受け取り、その対価として円を支払う形となるので決済期限は存在する。しかし、外国為替保証金取引はスワップ・ポイントの受払いをする（金利差の受払い）ことによって資金の受渡日を翌営業日以降に持ち越し、ポジションを翌営業日へ自動的に繰り延べする（ロール・オーバー）ことができる。つまり自らポジションを決済する、あるいは取引会社が定める評価損を超えない限り、ポジションを継続的に持つことができる。

14 解答②

【解説】保証金は取引口座開設後、実際に取引をはじめる前に取引会社に入金するという流れになっている。

15 解答①

【解説】為替取引を行なうため、取引会社に保証金を預け入れるが、当然ながら保証金は投資家のものである。なお、取引会社は金融商品取引法にて投資家の保証金と会社資産の分別管理を義務づけられている。

16 解答✕

【解説】取引会社が提供しているすべての通貨ペアを、売買することができる。

17 解答②

【解説】外国為替市場は、基本的に月曜日から金曜日までの24時間の取引をすることができる。

18 解答✕

【解説】取引時間内であれば、インターネットを通じて24時間リアルタイムで取引をすることが可能だ。

19 解答②

【解説】振り込まれたお金がそのまま、保証金として反映される。50万円を振り込み、このまま何も取引を行なわなければ、ずっと50万円のままである。

20 解答②

【解説】ポジションを持っている場合は、ポジション状況や使用中保証金などに詳細が表記される。なお、①は為替情報画面、③は注文画面だ。

21 解答②

【解説】取引内容や取引画面の操作方法などで不明な点があれば、取引会社のサポートセンターに問い合わせてみること。

22 解答✕

【解説】オーダーの約定後に当該オーダーに係る契約を解除すること（クーリングオフ）はできないので、発注済みのオーダーなどをつねに確認すべきである。

23 解答①

【解説】24時間動いている為替レートであるが、一番活発に取引が行なわれる時間帯は市場参加者の多い20時～1時ごろ。特に多くの経済指標が発表される22時前後の値動きは注目したい。

24 解答③

【解説】1万円で1万米ドルを取引できるので、30万円の保証金があれば30万ドルまで持つことは可能。

25 解答✕

【解説】評価益のまま口座から引き出すことはできないが、ポジションを決済して実現益とすれば、使用中保証金以外を口座から引き出すことができる。このケースでは、取引口座残高50万円のうち25万円を保証金として使用しているため、引き出せる金額は25万円となる。

26 解答①

【解説】外国為替市場は、ビッドとオファーの2本建てで表すことになっている。価格の変動も、2本建てのまま動くことになる。

27 解答②

【解説】外国為替レートは必ずビッドとオファーの2本建てで表示され、左側の安いレートをビッド、右側の高いレートをオファーという。

28 解答②

【解説】ビッドは通貨を売る場合の値段となる。

29 解答③

ビッド 116円56銭　　オファー 116円60銭
スプレッド 4銭

30 解答✕

【解説】相対取引であるためにサービスを提供する会社によって為替レートやスプレッドは異なる。そのため、会社を選ぶ際にはこれらも考慮すべきである。

31 解答✕

【解説】スプレッドは通貨ペアごとに違いがあり、また為替レートの変動の度合いによってスプレッドが変わることがある。

32 解答①

【解説】「ロング」は値段が高くなることを予想して取引すること、「ショート」は値段が安くなることを予想して取引することをいう。

33 解答 ×
【解説】スワップポイントは外国為替保証金取引の魅力のひとつであるが、外貨預金などと異なり、「外貨売り／円買い」から取引を始めることができるという特徴がある。また、取引に必要な保証金よりも大きい価額の外国為替取引が可能であることや、売買手数料が割安であることなど、いろいろなメリットを享受できる。

34 解答 ③
【解説】同じ分量の取引単位を買い戻さなければ、スクエアにすることはできない。

35 解答 ①
【解説】ショート（売り）ポジションはレートが下がれば利益となり、レートが上がれば損失となる。ロング（買い）ポジションはその逆。

36 解答 ③
【解説】相場が上がらなければ、ロングポジションで利益を出すことはできない。

37 解答 ○
【解説】自分の意思で出す逆指値（ストップ）注文と違って、会社のほうで自動的にポジションをカットされてしまう。自動ストップロスは強制ロスカットであり、詳しい基準は取引会社で確認しよう。

38 解答 ②
【解説】売る場合はビッド（左側の安いレート）で約定する。

39 解答 ○
【解説】そこまで上がったら買い、もしくは下がったら売ることになる。

40 解答 ○
【解説】インターバンク市場の慣習として、逆指値注文は指定レートが市場でついてもすぐ執行するのではなく、買いの場合は "all taken next"、売りの場合は "all given next" と、いずれもそのレートでの取引がすべて執行したと判断された時に執行するので、必ず指定レートよりも不利な形での約定となる。なお、指定レートとの乖離をスリッページという。

41 解答 ①
【解説】上がったら売り、下がったら買うのが指値注文。普通に注文といえば、指値注文のことを指す。

42 解答 ①
【解説】レバレッジが高いがゆえにハイリスク・ハイリターンということではなく、レバレッジが高いがゆえに小額の資金で大きな価額の取引ができるため、必要保証金に対する損益が大きくなる。

43 解答 ②
【解説】レバレッジは、総価額÷保証金で求めることが可能だ。この場合は120.00円（為替レート）×1万米ドル（取引単位）÷10万円（保証金）＝12倍となる。

44 解答 ○
【解説】金利の高い通貨の買いポジションの場合は受け取る側、金利の高い通貨の売りポジションの場合は支払う側になる。

45 解答 ②
【解説】ユーロと円の金利は、ユーロのほうが円よりも高いので、ユーロのショートポジションを持っている人は、スワップポイントを支払う必要がある。（08年2月現在）

46 解答 ②
【解説】ドル円の場合も米ドルのほうが円よりも金利が高いので、ロングポジションを持ち越すとスワップポイントを受け取れる。（08年2月現在）

47 解答 ○
【解説】チャートは、過去の値動きと比較して現在の水準がどのあたりで推移しているのかを確認できるほか、いろいろな分析方法を用いることで、新規や決済のポイントを見いだすことも可能だ。

48 解答 ①
【解説】問題のチャートは、値段の変化を時系列で表している。高い場合にはグラフは上に移動し、安くなる場合には下に移動する。時系列なので東京市場が終わったあとに、欧州市場、その後にニューヨーク市場と移っていくことがわかる。

49 解答 ②
【解説】ニュースなどで聞いていれば、おおまかなレベルで違いがわかる。基本的に同じ対円のレートなので、値動きの形は、方向性が同じであることが多い。

50 解答 ②
【解説】縦軸の値段の表示を見れば、ユーロドルかドル円かはすぐわかる。しかし、1単位の基準がドル円はドル、ユーロドルはユーロのため、ドルを基準にするとレートの上げ下げが逆になる。

51 解答 ③
【解説】（113.00円－112.80円）×2万米ドル
＝4000円の評価益

52 解答 ①
【解説】（113.40円－112.80円）×2万米ドル
＝1万2000円の実現益

53 解答 ③
【解説】（160.00円－160.90円）×10万ユーロ
＝9万円の評価損

54 解答 ②
【解説】（220.00円－218.60円）×5万ポンド
＝7万円の実現益

55 解答 ①

56 解答 ③
【解説】（110.20円－109.50円）×14万ドル
＝9万8000円の実現益

57 解答 ②
【解説】（1.4500－1.4550）×20万ユーロ
＝1000ドルの評価損

第2章 取引通貨の特徴

リスク、リターンの度合いは通貨で決まる！

米ドル	P024
ユーロ	P026
英ポンド	P028
豪ドル	P030
NZドル	P032
カナダドル	P033
スイスフラン	P034
南アフリカランド	P035
シンガポールドル／香港ドル	P036
通貨に関する問題／解答・解説	P037

FXは外国通貨に投資するものであり、その変動要因はそれぞれ異なる。米ドルならば基軸通貨であるため、すべての通貨に影響をおよぼし、豪ドルならば高金利通貨でかつ商品市場と連動しやすいなど、リターンやリスクの度合いは異なってくる。本章では各通貨の特徴と値動き、政策金利、投資する際のポイントを紹介。通貨の特性を把握しよう。

第2章 取引通貨の特徴 ■ 米ドル

米ドル

経済、政治、軍事……、基軸通貨だからこそ、世界中の投資家が米国の一挙手一投足に注目

アメリカ合衆国
(United States of America)

面積	962.8万km²
人口	2億8,142万人（2000年）
首都	ワシントンD.C.

USD

米ドルの値動きは、ほとんどすべての通貨に影響を与える。なぜなら、米ドルは現在、世界の基軸通貨だからだ。そもそも通貨の価値は、国力そのものを表している。米ドルが基軸通貨となっているのは、その圧倒的な国力にある。経済規模で比較してみても、米国のGDPは世界GDPの3分の1を占めており、その大きさがわかるだろう。

国力は経済的な側面だけでなく、政治や軍事などの総合力が問われる。そのため、米ドルの価格はこれらすべての要素で動いていく。すなわち米国経済の状態、金融政策、米国内の政治情勢、他国との関係や影響力、米国の軍事戦略など、すべてが米ドルの価値を決めることに関係している。

そのなかでも金融政策の中心的な役割を担う米国の中央銀行「連邦準備制度理事会（FRB）」の動向は、為替レートに大きな影響を与えている（詳細は第3章参照）。

現在のFRB議長はバーナンキ氏。彼の発言ひとつ、一挙一投足で世界の為替レートが動いてしまうほど、その影響力は強い。そのなかでもFRBの動向で最も注意しなければいけないのが、政策金利の決定だ。世界の基軸通貨である米ドルの金利動向は重要である。わずか0・1％の金利の変化でも、それは世界中のニュースとなり為替相場を動かす原動力となってしまう。

しかし、巨大な国力によって維持されていた基軸通貨としての存在感が、ゆらぎはじめている。「世界の警察」を自認する米国の政策は、イラク戦争を境に世界から疑問視されるようになった。それに追い打ちをかけるようにサブプライムローン問題に端を発した資本市場の混乱は米ドルに対する基軸通貨としての信頼を損なっているからだ。

米ドルが基軸通貨としての威信を取り戻せるか。それは内政、外交を含めて、世界中が注目するところだ。08年11月に実施される米大統領選は、その試金石となることは間違いなく、その結果は投資家も注視すべきポイントであるだろう。

アメリカ合衆国基礎データ

主要産業	工業（全般）、農業（小麦、トウモロコシ、大豆、木材他）、金融保険不動産業、サービス業
GDP	13兆2,446億ドル（名目 2006年）
貿易額（2005年1-12月、季調済み、商品のみ）	
輸出	1兆237億ドル（前年比＋14.4％）
輸入	1兆8,597億ドル（前年比＋10.9％）

01 USD

85年以後、急速な円高に

ドル円レートは、第二次大戦終戦の45年から71年までは1米ドル360円と決まっている、いわゆる固定相場制だった。これにより日本は円安による輸出振興策で、年率10％前後の高度経済成長を遂げた。しかし、ドル円レートは71年に変動相場制に移行してからは、ずっと円高への道を進むことになる。

特に85年にドル高を是正するプラザ合意が締結された後は、たった1年で、一気に240円台から150円台まで円高に進んだ。この円高は、95年に1ドル＝79円台のピークをつけた。98年に147円台まで円安となり、その後はこのレベルよりも円高水準で動いている。

CHECK! ドル円の値動きを

ITバブル崩壊と、これに続く米同時多発テロでの景気後退を下支えするため、03年には1.00％まで政策金利は段階的に引き下げられた。その後は住宅ブームもあり、06年には5.25％まで引き上げられたが、サブプライム問題による市場の混乱を抑えるため再び引き下げ方向にある。

日本政府の市場介入の場面は要注意

ドル円取引 ここが ポイント！

ドル円は、円独自の要因にも大きく左右される。たとえば、日本は長らく超低金利政策をとっているが、これにより他通貨との金利差が大きくなり、円売りの材料となる。1500兆円ともいわれる日本の個人金融資産が、自国内のマーケットに踏みとどまらずに、海外や外国通貨の投資へ向かうインセンティブにもなってしまう。

日本は海外への輸出が多く円高に対する根強いアレルギーがあるため、日本政府が円高を阻止する目的で、日銀を通じて為替市場に介入するという、通貨当局による操作が行なわれてきた。外国為替市場の大きさを考えれば、介入だけで流れを大きく変えるということは難しいが、介入の場面では大きく為替レートが動くので注意が必要だ。

ユーロ

米ドルの避難通貨として人気　第二の基軸通貨として存在感高まる

EU（欧州連合）

（加盟国：ベルギー、ブルガリア、チェコ、デンマーク、ドイツ、エストニア、アイルランド、ギリシャ、スペイン、フランス、イタリア、キプロス、ラトビア、リトアニア、ルクセンブルク、ハンガリー、マルタ、オランダ、オーストリア、ポーランド、ポルトガル、ルーマニア、スロベニア、スロバキア、フィンランド、スウェーデン、英国）

面積	434万km²
人口	4億9,000万人

ユーロは欧州をひとつに統合するという理想のもと、EU（欧州連合）加盟のなかの12カ国でそれぞれ発行されていた通貨を統一するために、創設された通貨である。その前身となるECU（エキュ）という通貨を10年以上にわたってテストし、99年に正式にスタートした。当初の11カ国から、01年にはギリシャ、07年にはスロベニア、08年1月1日からキプロス、マルタがユーロを導入し、現在15カ国となっている。EU全体でみれば、人口は米国の約2倍、経済規模でも米国に肉薄する大きさだ。そのためユーロは、第二次大戦後ずっと将来的にもユーロ導入国は増加する傾向にある。

世界の基軸通貨の役割を果たしてきた米ドルに次いで第二の基軸通貨として期待され、その存在感は日を追うごとに増してきている。実際に、各国中央銀行の外貨準備の対象として組み込まれたり、国際的な資金の決済を行なう場合にユーロを使う動きもみられる。これは米国が政治的に偏りがあると見られるきから、このリスクを避けたいという各国中央銀行や投資家の思惑も含んでいるからだろう。

ユーロ圏の金融政策は欧州中央銀行（ECB）で一元的に管理されている。しかし加盟国によって、その財政規模やインフレ状況など各国の実情は異なり、また政治的な統合プロセスや各国の内情の違いなどで、不協和音が流れることも少なくない。それがユーロにもネガティブな影響を与えることがある。

またユーロ圏の経済規模のうち、ドイツ、フランス、スペイン、イタリアの4カ国だけで全体の約80％を占めている。そのなかでも中心的な地位を占めるのがドイツであり、ドイツの状態を見ているだけで、ユーロ圏全体のだいたいの様子をつかむことができる。

なお、基軸通貨である米ドルを絡めない通貨ペアのことを、「クロス通貨」というが、外国為替市場で取引される通貨の量は、米ドル、ユーロ、円の順で上位3つを占めるため、ユーロ円（EUR/JPY）はクロス通貨の代表的なものといえる。

ユーロ加盟国基礎データ

主要産業	工業、農業、金融、保険など加盟国によって異なる
GDP	11兆4,612億ユーロ（2006年）
貿易額（2006年、ユーロ圏外）	
輸出	1兆1,797億ユーロ
輸入	1兆3,517億ユーロ

02 EUR

ユーロ円で見てもユーロ強し

01年以降、ユーロ円は一貫してユーロ高の方向を歩んできたが、その間、米ドルに対しては円高方向であったことを考えると、ユーロ自体が強くなってきたということがわかる。

クロス通貨のレートが動いている場合、どの要因が背景となって為替レートが変動しているのかを見ていく必要がある。

ユーロドルはユーロ統一前の最高値更新

ユーロドルは発足当初パリティ（1ユーロ＝1.00）を下回って売り込まれたこともあったが、その存在感の高まりとともに、01年以降は、ずっとユーロ高で推移。ユーロ発足前と比較（ドイツマルクの対ドルレート）すると、95年に記録したドルマルクの最安値（＝ドイツマルクの最高値であり、ユーロ換算で1.4540付近）も07年には超えてきている。

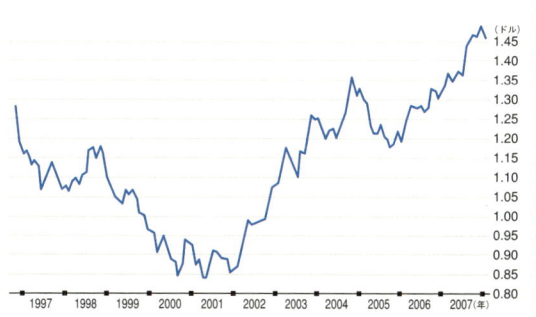

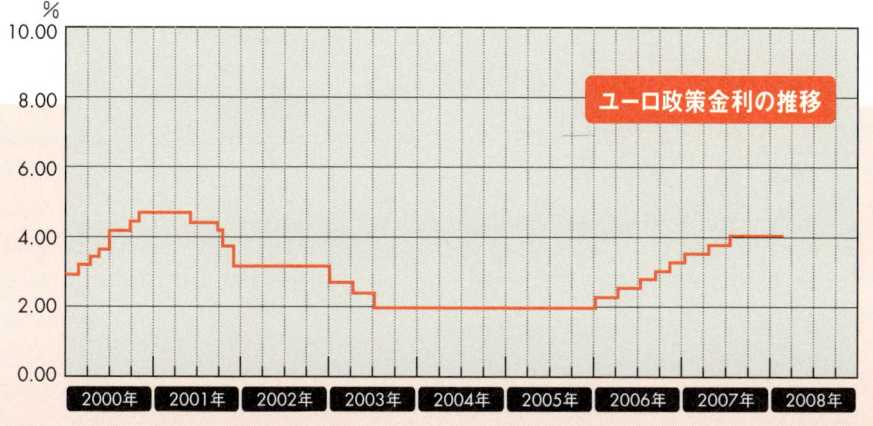

ユーロ圏でも01年の米同時多発テロの影響を受け、段階的に2.00%まで金利は引き下げられたが、05年からは経済成長率が上向きのため、4.00%まで引き上げが行なわれた。インフレ目標は導入していないがインフレ阻止を目的に掲げているため、多少のことでは金利引き下げに慎重だ。

ユーロドルとドル円の値動きをチェック

ユーロ円の値動きを考えていく場合には、ドル円の値段とユーロドルの値段の両方を見ていかなければならない。なぜならユーロ円の値段は、米ドルに対する円の価値と、ユーロに対する米ドルの価値で決まるからだ。

つまり1ユーロ150.00円というレートは、ドル円＝112.00とユーロドル＝1.3390というレートの掛け算から出てくる。1ユーロが1.3390ドルであって、1ドルが112.00円だから、1ユーロあたりの価値は、1.3390×112.00＝150.00円となる。

たとえば、米ドルが円に対して1%安くなったとしても、ユーロが米ドルに対して同じ比率の1%高くなれば、ユーロ円のレートは変わらないことになる。

「FX取引の王様」といわれる通貨ペア

基軸通貨のドルと第二の基軸通貨となりつつあるユーロで、外国為替の全取引量の約3分の2を占める。そこで、ユーロドル（EUR/USD）の動きがすべての通貨の動きに関わってくるので、目を離すことはできない。いわば数ある通貨ペアのなかでも、ユーロドルは「外国為替取引の王様」として君臨しているのだ。

ユーロドルは、1ユーロに対して米ドルいくらかで表される。「EUR=1.4500」という為替レートであれば、1ユーロを1.45米ドルと交換できるということを指す。数字が大きくなればユーロ高、数字が小さくなればユーロ安ということになる。

第2章 取引通貨の特徴 ■ 英ポンド

英ポンド GBP

長い不況による沈黙を経て復活 ユーロ台頭のなかで独自性を貫く

英国
(United Kingdom of Great Britain and Northern Ireland)

面積	24.3万km²
人口	6,059万人（2006年）
首都	ロンドン

英国ポンドは、米ドルにその座を譲るまでは、基軸通貨として世界を席巻していた。現在でも首都ロンドンには世界各国の金融機関が集まり、世界の金融センターとしての大きな役割を担っている。英国は地理的にも欧州大陸と米国の間にあり、また中東やアフリカなどとの結びつきも強いため、ロンドン市場での外国為替の取扱高は世界一を誇っている。

確かにユーロが創設されてからはその存在感に圧倒されている感は否めないが、ポンドが現在でもなお、欧州を代表する通貨のひとつであることは間違いない。また、ポンドドルは、基本的にはユーロドルと同じような値動きをする。

しかし英国の中央銀行（BoE）とユーロの欧州中央銀行（ECB）では、金融政策のスタンスが異なるため、必ずしも同じ値動きにならないこともある。

さらに農業でも大麦、菜種が、畜産でも羊毛、牛乳などが世界でもその生産量が10位以内に入るなど、農畜産国でもある。経済的には、「イギリス病」といわれた長期にわたる経済の停滞から、80年代のサッチャー首相の規制緩和を旗印にした構造改革により、回復傾向を見せるようになった。そして、ブレア前首相の時代には好況に沸き、英国経済の復活を世界に知らしめた。

ユーロ圏とは一線を画した独自の英国経済ではあるものの、英国はEU（欧州連合）には加盟しているため、統一通貨であるユーロを採用するかどうかは是非は、今後も議論されていくことだろう。

現在は、好景気により英ポンドは存在感を示しているが、グローバル経済がダイナミックに進むなか、ユーロとの統合が市場でも注目を浴びることになるはずだ。

国土面積は日本の3分の2に満たないものの、資源は豊富だ。英国が誇る北海油田の採掘量は1億1000万トン（世界シェア3.2％）におよび、天然ガスは世界シェア4.3％を占める資源国としての一面も持つ。

英国基礎データ

主要産業	航空機、電気機器、エレクトロニクス、化学、金属、石油、ガス、金融
GDP	2兆3,736億ドル（2006年見通し）
貿易額（2006年）	
輸出	4,226億ドル
輸入	5,467億ドル

03 GBP

高金利通貨の人気からポンド高続く

ポンド円は00年に記録した148円台を底にして、ずっと上昇を続けてきた。04年には6年ぶりに200円台という大台を超え、そのままの状態となっている。最近の5年間の動きは、高金利通貨のポンドと超低金利の円という状態をそのまま反映した格好だ。

ポンド円の210円というレートは、ユーロ円と同じように、ポンドドル（GBP/USD）＝1.9450とドル円（USD/JPY）＝107.97の掛け算からできている。したがって、ポンド円の動きを見る際にも、ポンドドルとドル円の動きも合わせて見ていく必要があるだろう。

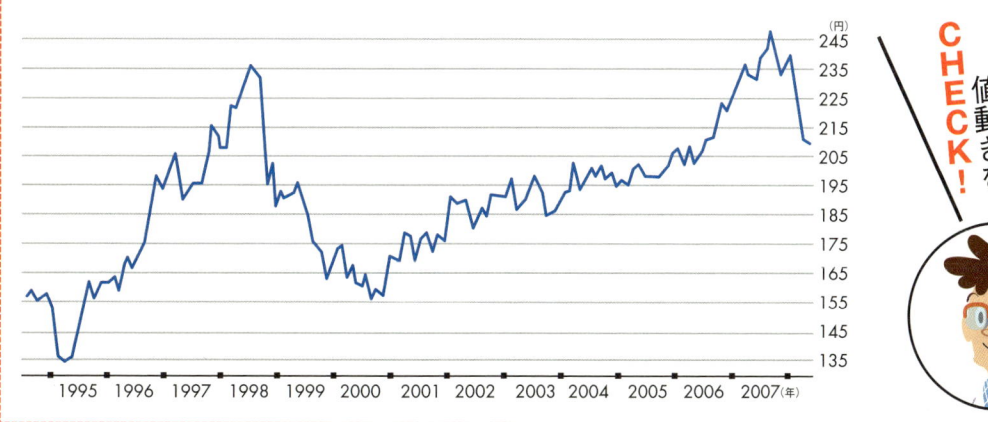

ポンド円の値動きをCHECK！

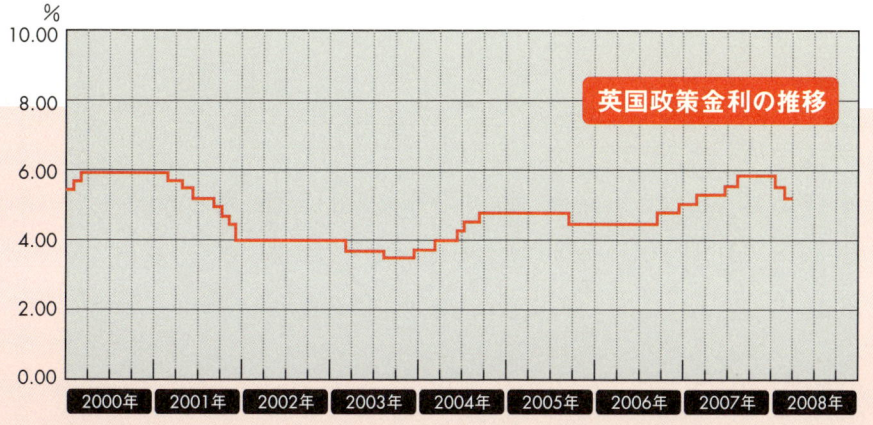

英国政策金利の推移

「イギリス病」といわれるほど長い間、戦後は経済が低迷していた。10％前後の高い金利を続けていたが、92年にポンドの通貨危機を経験し、構造改革も功を奏して90年代の中頃からは約200年ぶりとまでいわれる英国繁栄の時期となり、金利も歴史的には低い位置で安定している。

"原油高のポンド買い"が進む、隠れ資源通貨

ポンド円取引ここがポイント！

ポンドは、ユーロに比べると流通量が少ないため、値動きも荒くなりがちで、「悪魔の通貨」とも呼ばれている。このダイナミックな値動きのため、投機の対象にもなりやすいという特徴を持つ。

英国は、北海油田を保有しているため、原油の国内自給率も高く、原油の値段が上がっている時などには、ポンドも買われやすくなるという側面もある。また長年、抗争が続いてきた北アイルランドの問題や、大英帝国時代の旧植民地であった地域とのトラブルにも巻き込まれやすく、テロの対象になりやすいという地政学的なリスクも抱えていることに注意したい。

豪ドル

高騰する資源を背景に高い経済成長率を実現

オーストラリア (Australia)
- 面積　769.2万km²
- 人口　2,063万人（2006年）
- 首都　キャンベラ

オーストラリアは、旧イギリス植民地であったびつきも非常に強く、中国やASEAN（東南アジア諸国連合）各国の経済成長の伸びとともに、高い成長率を維持してきた。

オーストラリアの通貨は、通称で「オージー」と呼ばれ、高金利通貨として高い人気を得ている。

特に日本はオーストラリアの主要な貿易相手国である。02年の日豪首脳会談では共同で「日豪の創造的パートナーシップ」を発表し、2国間の関係性を深めた。個人レベルでも時差もなく渡航の機会も比較的多いことなどから、その親しみやすさも手伝って、日本においての豪ドル人気は高まっている。

ジア太平洋地域との経済的な結びつきも非常に強く、中国やASEAN（東南アジア諸国連合）各国の経済成長の伸びとともに、高い成長率を維持してきた。

この成長を支えるひとつが、オーストラリアの豊富な資源だ。代表的なものが、鉄鉱石、石炭、銅などのベースメタルで、天然ガスなども輸出している。最近、高騰している金の生産量も世界屈指だ。毎年200トン以上の金生産を誇り、これは世界シェア10％以上である。

また牛肉や、乳製品などの農品、小麦といった農産物の輸出国という側面も持っている。逆に自動車などの工業製品は輸入に頼っているのが現状だ。

たなかったGDP成長率も年を追うごとに上昇し、07年は4・4％、08年は4・0％の実質GDP成長率（IMF予測）が見込まれている。

今後も資源や農産品の需要は世界的に増えることが予想され、事実、商品市場ではその価格が高騰している。これらを背景に、為替市場では豪ドルの価値もかなり上昇している。それは農産物や原材料という、いわゆる一次産品の価格に、豪ドルも左右されて動くという特徴を持っているからだ。

また干ばつなどの自然環境が、為替相場に影響をおよぼすことも少なくない。

AUD

オーストラリア基礎データ

主要産業	不動産、流通、金融・保険、建設、通信
GDP	1兆467億豪ドル（2006/07年度）
貿易額（2006年）	
輸出	1,635億豪ドル
輸入	1,760億豪ドル

04 AUD

アジアへの貿易が活発のため、アジア経済との連動性あり

オーストラリアはアジア地域との結びつきが強いため、97年にアジアで通貨危機が起こった際には、アジア通貨と一緒に売られた。このことからもアジア地域の成長鈍化、特に中国の成長鈍化は豪ドルの下落に結びつく可能性がある。

豪ドル円の値動きを見ると、00年に55円台だったが、ひたすら上昇を続け、07年には107円台に乗せるまで成長している。

豪ドル円はクロス円の通貨ペアのため、ドル円（USD/JPY）と豪ドル（AUD/USD）の両方を見る必要がある。豪ドル（AUD/USD）は、01年に0.50台を割り込んでいたが、07年には0.90台まで上昇している。

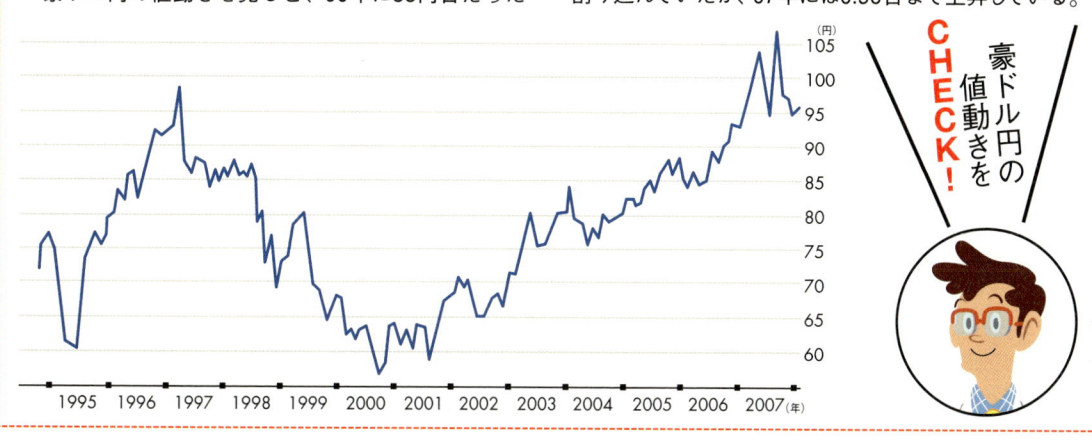

豪ドル円の値動きを CHECK！

国内で短期資金が不足しているため、伝統的に高金利政策がとられている。03年からは原油高や穀物価格急騰で経済成長率が上向き、豪ドル高にも関わらず輸出も好調だ。しかし、高くなっているインフレを抑えるために政策金利も断続的に引き上げられている。

ハイリスク、ハイリターンの高金利通貨

豪ドル円取引ここがポイント！

オーストラリアの経済規模は、カナダの約半分くらいで、通貨の流通量も決して多いとはいえない。そのため、日本の証券会社が豪ドル建ての債券を発行するという理由だけで、為替レートが動いてしまうといったことがあるぐらいだ。

豪ドルは高金利通貨のため、世界の投資家から絶大な人気を得ているが、それゆえに政策金利が引き下げられるような場合には、下落要因になる。好調な経済成長が近年続いていたが、この成長が鈍化するようなことになれば、政策金利にも影響を与える可能性もある。高金利通貨なだけに、政策金利の動向は即、為替レートに影響をおよぼすので注意深く見ておきたい。

05 NZD

第2章 取引通貨の特徴 ■NZドル・カナダドル

NZドル NZD

「資源国」のひとつながら貿易赤字は拡大 突出した高金利通貨だが、流動性は低い

ニュージーランド (New Zealand)
- 面積　27.5万km²
- 人口　415万人（2006年）
- 首都　ウェリントン

ニュージーランドはオーストラリアと同じ英連邦の国。その通貨がニュージーランドドルで、通称「キーウィ」と呼ばれている。オーストラリア、カナダ、南アフリカなど天然資源に恵まれる国の通貨とともに、マーケットでは資源国通貨として認識される。

しかし「資源国」といわれながらも、貿易の中心は農産物や木材の輸出にとどまっている。天然ガスなど多少の資源はあるが、貿易を牽引するほどの力はないのが実情である。貿易収支は赤字で、経済規模もオーストラリアの5分の1以下程度だ。

一方、ニュージーランドの金利は、豪ドルと同じように高い水準を維持している。そのため投資対象として高い人気を保持しているものの、国内経済に投資資金が集中しすぎるという問題もある。

豪ドル、ニュージーランドドルなどが高金利であることの理由は、国の経済規模が小さく短期資金がつね に足りないため、高めに設定されているからだともいわれている。特にニュージーランドドルは流動性が低い。高金利通貨で機関投資家などにも好まれる通貨であり、貿易赤字などの問題如何によっては激しい値動きをみせる可能性もある。

ニュージーランド政策金利の推移

豪ドルと同じように高金利政策がとられている。貿易はほとんどがオーストラリア向けで、同じ経済圏を形成しているため経済状態も金融政策の傾向もオーストラリアとほとんど同じと見てよい。しかし政策金利は豪ドルよりも若干高めに設定されていることが多い。

NZドル円の値動きをCHECK！

豪ドルとほぼ同じ動き

政治的・経済的にオーストラリアとの結びつきが強いため、オーストラリアの経済状態にも左右されやすい。このため為替市場では同一視されていて、為替レートは豪ドルの動きとほとんど同じように動くという特徴を持つ。豪ドルと同じように、ニュージーランド円（NZD/JPY）は、00年の42円くらいから07年には98円付近まで上昇してきた。

ニュージーランド基礎データ

主要産業	畜産を中心とする農業と農作物。近年はバイオ分野、映画産業にも注力
GDP	1,557億NZドル（2005年度）
貿易額（2006年）	
輸出	346億NZドル
輸入	408億NZドル

政策金利、貿易収支いかんで荒い値動きも

NZドル取引ここがポイント！

高金利通貨であることで豪ドルとならび機関投資家などから人気を集めているため、政策金利の引き下げはニュージーランドドルの下落要因となる。また豪ドルよりもさらに流通する通貨の量も少ないため、荒い値動きを見せることも。投資資金による外貨で資本収支を支えたい半面、輸出国として、通貨高そのものが経済を低迷させる要因になるというジレンマも抱える。

06 CAD

カナダドル CAD

原油・ウラン・金など優良な資源を保有 米国との緊密な関係を背景に抜群の安定感

カナダ (Canada)
- 面積 997.1万km²
- 人口 3,161万人（2006年）
- 首都 オタワ

カナダはオーストラリア、ニュージーランドと同じ英連邦に属しているが、隣接する米国との経済的な結びつきが非常に強い国である。このカナダの通貨がカナダドルだ。

カナダ経済の中心は貿易が占めているが、全輸出量の8割近くは米国向け。米国からの投資額もたいへん多く、米国経済の動向にも影響を受けやすくなる。

豊富な資源に恵まれるため、代表的な資源国通貨のひとつに数えられる。実際に原油の埋蔵量などはオイルサンド（原油を含んだ砂岩）も含めれば、サウジアラビアに次ぐ埋蔵量を誇っている。また、原子力に使われるウラン鉱石は世界一の産出国であり、金の生産国でもある。

貿易収支は黒字が続き、政治的・経済的に安定しているため、カナダドルの安定性は他通貨と比較しても突出している。

ただし、原油価格の高騰、サブプライムローン問題に端を発した米国経済の失速など、今後のリスク要因がまったくないわけではない。特に米国経済とは関連性が高いため、米国からの資金流出が続けば、カナダドルにも大きな影響があるのは必至。今後の動向には注意が必要といえるだろう。

世界最大のエネルギー消費国・米国への資源供給国。原油高や米国景気の上昇にあわせて経済成長しているため、04年以降金利は引き上げられている。比較的健全な財政で、インフレも抑えられているため、米金利の引き下げとともに08年には金利を引き下げた。

カナダ政策金利の推移

カナダ円の値動きをCHECK！

米国との連動性には注意

カナダ円（CAD/JPY）は、99年の68円台から、07年に125円台まで上昇した。この間に、原油価格は1バレル20ドル前後から100ドルに、金価格は200ドル台から700ドル台へ上昇している。ちなみにドルカナダ（USD/CAD）もカナダドル高が続いており、典型的な資源輸出国のカナダドルにとってはマイナス要因となっている。米国企業の資金引き上げなど大きな動きはカナダ円にも大きな影響を与える。

高い安定性を維持するが、リスク要因も……

カナダドル取引ここがポイント！

カナダ円（CAD/JPY）に影響を与えるドルカナダ（USD/CAD）の為替レートは、米国企業のカナダへの投資が多いために、その資金需給などで動くことがある。また原油価格や金価格などの影響を受けやすくなる。輸出に大きく依存する経済なので、カナダドル高は、経済成長にはマイナス要因になる。政治的には経済的に豊かなケベック州のカナダからの分離独立という問題を抱えている。

カナダ基礎データ

主要産業	金融、保険、不動産業、製造業、鉱業、商業
GDP	1兆4,393億カナダドル（2006年）
貿易額（2006年）	
輸出	4,556億カナダドル
輸入	4,043億カナダドル

07 CHF

第2章 取引通貨の特徴 ■スイスフラン・南アフリカランド

スイスフラン

「永世中立国」の強みを生かし絶大な信頼感 有事の時こそ、存在感を示す

スイス連邦 (Swiss Confederation)
面積　4.1万km²
人口　746万人（2006年）
首都　ベルン

　第二次大戦以後に基軸通貨となった米ドルは、世界のどこかで紛争などが勃発した際には、「有事のドル買い」として買われてきた。

　しかし、01年に米国内で起こった同時多発テロ以降、有事の際の避難先として、スイスフランが買われることのほうが多くなっている。このように有事の際に買われる通貨を「避難通貨」や「逃避通貨」と呼ぶ。スイスフランは、スイス連邦が発行する通貨である。19世紀以来の「永世中立国」であるスイスには、その特異な体制のために世界でも有力な金融機関がいくつも存在し、世界の金融市場に絶大な影響力を発揮している。

　このような政治性を背景に、スイスフランは高い安定性を誇る。スイスフランは「金（ゴールド）よりも堅い」といわれることもあり、為替市場では保険的な側面として買われることもある。しかし国際的な金融犯罪やマネーロンダリングなどが問題になる昨今、かつてほど金融のリゾート地としてのステータスはなくなりつつある。

　日本円と同様に、政策金利が低いためキャリートレードの対象として取引されることも多い。

CHF

スイス政策金利の推移

景気が低迷して03年にはマイナス成長という時期もあり、04年までは日本と同じように実質的なゼロ金利政策がとられた。その後は経済が回復基調にあったことを受けて07年には2.75％まで政策金利を引き上げてきた。

スイスフラン円の値動きをCHECK！

有事には要注意

円に対しては、他の欧州通貨であるユーロやポンドなどと同じように動いている。スイス円も00年の58円台を底にして、07年には100円台を記録。世界の金融機関が集中しているスイスだが、経済規模は小さく、平時に為替市場で注目されることはあまりない。また、ドルに対してはユーロと同じ値動きになりやすいのも特徴だ。いずれにせよ、世界的な有事には注意が必要となる。

スイス連邦基礎データ

主要産業	機械・機器、金融、観光
GDP	3,733億ドル（2006年）
貿易額（2006年）	
輸出	1,414億ドル
輸入	1,321億ドル

ファンディング通貨として重用される

スイスフラン円取引ここがポイント！

伝統的にスイスは政策金利が低めに維持されている。そのため、超低金利の続く円とともに、近年は金利差を利用したキャリートレード（金利の低い通貨で資金を調達して、より高い利回りが見込めるものに投資するという取引形態）のためのファンディング通貨（資金を調達するための通貨）として用いられることが多くなっている。将来的にも急激な政策金利の引き上げの可能性は低い。

08 ZAR

南アフリカランド

ダイヤモンド・金の埋蔵量は世界第1位 高い成長率を維持するがリスクも潜在

南アフリカ共和国
(Republic of South Africa)

面積	122万km²
人口	4,740万人（2006年）
首都	プレトリア

南アフリカも英連邦に属していて、鉱物資源が豊かな国である。特にダイヤモンド、金は世界的な産出国で、埋蔵量・生産量ともに世界第1位だ。さらに欧米の自動車工場などの生産拠点になるなど、近年は高い経済成長を遂げてきた。欧州との経済的な結びつきは強く、近年の急発展は欧州経済によるところが大きい。この南アフリカの通貨が南アフリカランド。政策金利も高く、高金利通貨でもある。

しかし高い経済成長を遂げた半面、インフレ率も高いのが南アフリカの特徴。さらに長年のアパルトヘイト（人種隔離政策）に端を発するさまざまな問題を抱えている。民主化政策を実施後も、白人と黒人の格差は容易に埋まることはなく、社会問題は深刻だ。いまだ犯罪率、失業率ともに高く、さまざまな政治的・社会的リスクが高いということも投資をするにあたって、考慮したほうがよいだろう。

ただし、政府主導による格差是正措置も少しずつながら効果を発揮している。さらに10年には世界的スポーツの祭典であるワールドカップが開催される。経済成長がさらに加速する可能性もあり、今後も注目しておきたい通貨のひとつだ。

南アフリカ共和国政策金利の推移

02年はランド高と高金利によって経済成長が落ち込んだため、翌年にはマイナス5.5%となる大幅な金利の引き下げを行なった。その結果、経済は成長軌道となったがインフレ率の上昇にも悩まされることになり、07年までに再び政策金利を11%まで引き上げている。

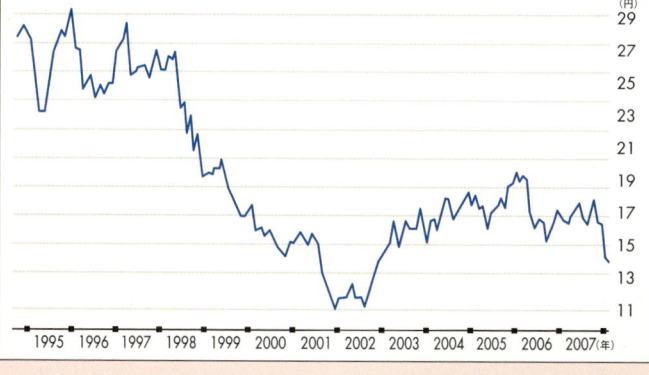

ランド円の値動きをCHECK!

高金利通貨だが…

高金利通貨のために、南アフリカランド建ての債券は日本で人気となり、ランド円（南アフリカランドと円の通貨ペア）も02年の10円台から、06年には19円台まで上昇した。金の産出量が突出しているため、金価格が上昇すると為替レートも上昇する。現在は高金利（08年2月現在11.00%）を維持しているが、政策金利は過去の例にあるように激しく変動することもあり得るため、その動向には注意が必要だ。

南アフリカ共和国基礎データ

主要産業	畜産、農作物、鉱業（ダイヤモンド、金など）、製鉄、化学、繊維
GDP	2,553億ドル（2006年）
貿易額（2006年）	
輸出	587億ドル
輸入	686億ドル

ランド円取引ここがポイント！

鉱物資源の動きと連動する

金などの貴金属の価格が上昇することに為替レートも影響を受けるのが南アフリカランドの特徴。原油や金などの商品の価格が上昇してきたので、為替レートも上昇してきた。ひとくちで資源国通貨、高金利通貨とはいえ、その国によってネックとなるさまざまな問題を抱えているもの。流動性が低いこともあり、乱高下もしやすい。投資をする際には、細心の注意が必要だろう。

09・10 SGD HKD

第2章 取引通貨の特徴 ■シンガポールドル・香港ドル

シンガポールドル
中央政府の影響が通貨に反映、流動性の低さで価格変動率は高い

シンガポールドルには通貨バスケット制が採用されている。これは複数の通貨をひとつのバスケットとして、そのなかで各通貨の割合を決め、為替レートに反映させるという方法だ。どの通貨をバスケットに入れるかだが、一般的には主要な貿易相手となる国や地域の通貨が採用され、時流によって適宜見直しが行なわれる。しかしシンガポールでは、その詳細については公表していない。

シンガポールドルは自由に交換できる通貨だが、中央政府の力も強大で、さまざまな制限も設けられているのが特徴。そのため、投資する際は政局の行方も注意深くチェックすべきだろう。

シンガポールの経済状況はSARSウイルスの問題に揺れた04年を底に、力強い上昇を見せ、対円レートでも、04年の61円台から07年には81円台まで上昇している。シンガポールドルは市場での流動性は高くないため、政治的な制度変更の際には多少の混乱もみられるので注意を。

政治的問題に注意
シンガポールドル取引ここがポイント！

シンガポール
(Republic of Singapore)
面積　699km²
人口　約448万人

シンガポール基礎データ	
主要産業	製造業、商業、ビジネスサービス
GDP	1,321億ドル（2006年）
貿易額（2005年）	
輸出	2,298億ドル
輸入	1,989億ドル

政策金利（3カ月物金利、2008年2月現在）
2.38% SGD

香港ドル
米ドルと連動する固定相場制も中国・人民元の思惑に即反応

香港ドルは、74年から83年までの英国統治を、中国へ返還する香港の政治問題が表面化してくると大暴落し、その後は米ドルに完全に連動する固定相場制に変わった。97年の中国返還後も、中国の人民元と同じように米ドルに対して一定の範囲内に収まるように管理されている。国内の経済状況は90年代後半のアジア金融危機の影響により、5・5％のマイナス成長となったが、03年以降は中国本土の好景気もあり、高い成長率を記録している。

現在は、1米ドル7・8香港ドルが基準となっているため、香港ドルは対円で13円台から17円台までの間で推移している。

人民元との連動性が高い
香港ドル取引ここがポイント！

人民元に近い通貨として、脚光を浴びている香港ドル。そのため、人民元の切り上げ（＝人民元高）の時に、香港ドルも連動して切り上げるという可能性も高そうだ。切り上げだけでなく、人民元への思惑が働く際に、連動して動きがちという特質があることも忘れないようにしたい。

香港
(Hong Kong)
面積　1,103km²
人口　約689万人（2004年）

香港基礎データ	
主要産業	金融業、不動産業、観光業
GDP	1,778億ドル（2004年）
貿易額（2004年）	
輸出	2,896億ドル
輸入	2,998億ドル

政策金利（3カ月物金利、2008年2月現在）
4.50% HKD

FX投資模擬テスト
通貨に関する問題

100点

問1

各3点×10

下の通貨ペアのうち、同じものを結びなさい。

■ 通貨記号

① USD／JPY ・
② USD／CHF ・
③ EUR／USD ・
④ GBP／USD ・
⑤ SGD／JPY ・
⑥ CHF／JPY ・
⑦ EUR／JPY ・
⑧ ZAR／JPY ・
⑨ AUZ／JPY ・
⑩ NZD／JPY ・

■ 通貨ペア

・Ⓐ ランド円
・Ⓑ ドル円
・Ⓒ スイス円
・Ⓓ オージー円
・Ⓔ キーウィ円
・Ⓕ シンガポールドル円
・Ⓖ ドルスイス
・Ⓗ ユーロドル
・Ⓘ ポンドドル
・Ⓙ ユーロ円

問2

各4点×9

ドル円相場のレートの歴史について述べたものである。（　）のなかにあてはまる言葉を下の選択肢から選びなさい。

　ドル円相場は、71年のニクソンショック（ドルと金の交換停止）によって（　①　）相場制となり、為替レートは（　①　）することになった。それまでドル円相場は、1ドル（　②　）円で固定されていたが、これ以降はずっと（　③　）の道を進むことになった。なかでも85年にニューヨークのホテルで行なわれたG5（先進5カ国蔵相・中央銀行総裁会議）で、ドルの実質的な（　④　）が政策合意された。これは、そのホテル名をとって通称「（　⑤　）」と呼ばれている。

　当時日本の蔵相であった竹下登氏が（　⑥　）と発言したことは有名である。しかし実際に、この年のドル円レートは、ほぼ（　⑦　）となり、急速に（　③　）が進んだ。日本経済は輸出産業が支えているため、長らく（　③　）の場合は悪影響が出ると懸念されてきたが、経済のグローバル化によって、必ずしも（　⑧　）が日本経済にプラスであるという単純な構造ではなくなってきている。

　現在、外貨や海外への投資が日本で人気となっているが、この動きはドル円レートを（　⑧　）に向かわせる要因となり、またこのポジションをドルの（　⑨　）という。

＜選択肢＞
ⓐ固定　ⓑオスロ合意　ⓒプラザ合意　ⓓショート　ⓔ切り上げ　ⓕ「2割までならOK」
ⓖ360　ⓗ切り下げ　ⓘ240　ⓙ円高　ⓚ「4割までならOK」　ⓛ円安　ⓜ半分
ⓝ5分の4　ⓞロング　ⓟ変動

Question

問3
各8点×2

下のクロス円のレートを計算しなさい。

①ドル円レートとユーロドルの値段が以下の時の、ユーロ円の値段
　ドル円レート＝109円　　ユーロドルレート＝1.4500ドル

②ドル円レートとドルスイスの値段が以下の時の、スイス円の値段
　ドル円レート＝108円　　ドルスイス＝1.0850スイスフラン

問4
各6点×3

通貨の特徴として、正しいものを下の選択肢から選びなさい（複数回答可）。

①原油、金などの貴金属が上がると買われやすい通貨は？
②紛争などの有事が起こった際に買われやすい通貨は？
③政府によりレートの管理が行なわれる通貨は？

[＜選択肢＞
ⓐ米ドル　ⓑユーロ　ⓒ豪ドル　ⓓスイスフラン　ⓔ円　ⓕカナダドル　ⓖ香港ドル
ⓗシンガポールドル　ⓘ南アフリカランド　ⓙニュージーランドドル　ⓚサウジアラビアリアル]

Answer

解答

問1
①—Ⓑ　②—Ⓖ　③—Ⓗ　④—Ⓘ　⑤—Ⓕ　⑥—Ⓒ　⑦—Ⓙ　⑧—Ⓐ　⑨—Ⓓ　⑩—Ⓔ
※ニュージーランドドルのことは、省略する名称として「キーウィ」が使われている。

問2
①—ⓟ　②—ⓠ　③—ⓙ　④—ⓗ　⑤—ⓒ　⑥—ⓕ　⑦—ⓜ　⑧—ⓘ　⑨—ⓞ
※⑨は円を売って、ドルを買うので、ロングとなる。

問3
①**158.05円**（計算式）109円×1.4500ドル＝158.05円
※基準通貨（カレンシーコードの左側にくる通貨）が米ドル以外の通貨となる場合は、掛け算をして求める。たとえば、ユーロ円の他にポンド円など。

②**99.54円**（計算式）108.00円÷1.0850スイスフラン＝99.54円（小数点第3位以下四捨五入）
※基準通貨が米ドルとなるクロス円を計算する時は、割り算となる。たとえば、スイスフラン円の他にカナダドル円など。

問4
①　ⓒ（豪ドル）　ⓕ（カナダドル）　ⓘ（南アフリカランド）
※これらは資源国通貨と呼ばれている。サウジアラビアは産油国だが、完全に米ドルレートに連動している。

②　ⓓ（スイスフラン）
※スイスフランは、有事の際に買われやすい通貨（＝避難通貨）の代表例である。

③　ⓖ（香港ドル）　ⓗ（シンガポールドル）　ⓚ（サウジアラビアリアル）
※香港ドル、サウジアラビアリアルは、米ドルの価値に連動させる固定相場制だ。

第3章 ファンダメンタルズ／需給

相場に吹く風の向きをキャッチする！

ファンダメンタルズとは？	P040
経済指標	P042
生産	P042
インフレ	P043
雇用	P044
収支	P045
センチメント調査	P046
消費	P047
中央銀行の金融政策	P048
要人発言	P052
政治問題や突発事項	P054
他の金融マーケット	P056
ファンダメンタルズ・需給に関する問題／解答・解説	P060

為替投資は通貨が上がるか、下がるかを予測するものである。そして、上がるということはその通貨をより多くの人が買っているということだ。では、投資家は何を理由で買う（売る）のだろうか。その分析こそが「ファンダメンタルズ」である。為替市場に即座に反応するもの、長期的な展望がうかがえるものなど、為替相場が動く要因をピックアップした。

ファンダメンタルズとは？

為替相場が動くメカニズムを知る！

景気や金利が為替相場に影響を与える

外国為替市場は、なぜ動くのだろうか。

金融マーケットそのものに影響を与えるいちばん重要な要素は、「ファンダメンタルズ」だ。ファンダメンタルズとは、マーケットそのものの土台となるものを指し、マーケットの前提になっている各国の金融政策、経済状態、国際的な貿易や資本の収支関係、政治・軍事的のパワーバランスなど、すべての要素が含まれている。

しかし、政治・軍事のパワーバランスは、すぐに変わるものではなく、また変わったとしてもその影響が現われてくるには時間を要する。そのため、すぐに経済活動に影響を与える要素、すなわち景気や金利といったものが、外国為替相場の値動きにはより重要である。

関係にある。普通、景気がよくなると資金が不足気味になるので金利は上がり、景気が悪くなると資金が余るので金利は下がる。

景気には好況と不況という、短期から中長期までの波が必ずある。そして景気と金利は相関

相場の流れを変える大きなエネルギー 市場はつねにサプライズを求める

「ファンダメンタルズ」を無視して為替相場に臨むことなどあり得ない。為替相場は、ファンダメンタルズをいち早く織り込もうとするため、経済指標や関係する要人の発言などに強く反応する。すなわちファンダメンタルズを映し出す、経済指標、要人発言などはつねに関心を払っておかねばならない重要な要素なのだ。

ファンダメンタルズと為替相場の関係

金利
- 引き上げ → 通貨高要因
- 引き下げ → 通貨安要因

収支
- 黒字（プラス）↓ 通貨高要因
- 赤字（マイナス）↓ 通貨安要因

経済成長率
- プラス成長 ↓ 通貨高要因
- マイナス成長 ↓ 通貨安要因

国内消費
- 黒字（プラス）↓ 通貨高要因
- 赤字（マイナス）↓ 通貨安要因

センチメント
- よい ↓ 通貨高要因
- 悪い ↓ 通貨安要因

→ 為替相場

りやすく日本を例に見ていこう。50年代から70年代半ばまでの高度経済成長期には、企業の設備投資に対する意欲が非常に強かったため、つねに資金不足の状態となり、かつて借り手も次々に現われたため、日本の政策金利はつねに5～10％前後だった。つまり、景気がよかった時は高金利だったわけだ。

しかし、90年代の不動産バブルの崩壊以降、多くの企業が倒産や廃業に追い込まれる事態となると、93年には金利は2・5％にまで下げられ、95年以降はゼロ％台で推移している（P51参照）。いまだに日本は超低金利であるということは、まだ完全に景気がよくなったというわけではないのである。

高金利通貨国の景気は本当にいいのか

為替相場は、その国の金利変動に大きな影響を受けるが、前述した景気と金利の図式からわかるように、金利変動の前提となるその国の景気にも大きく左右される。

景気がよくなると、経済的なパワーが増すので、その国の通貨は強くなる。逆に景気が悪くなるとその国の通貨は弱くなる。

ただし、金利が高いことと、景気がよいことは必ずしもイコールとはいえない。経済的に信用力がなく、政治的に安定していないために調達金利が高くなる場合もあるのだ。この場合は金利が高くても、むしろ予想と結果に注目す

ることが大切だ。なぜなら、マーケットでは起きている変化を少しでも先に織り込もうとするため、前回からどの程度変わったのかよりも、予想に対してどの程度変化したのかがポイントになり、相場が動くからだ。

特に、米国は世界経済の3分の1の規模を占め、基軸通貨のドルを発行しているため、米国の経済指標は世界中から注目されている。

結果数値の大小よりも、予想比が重要

経済という生き物の温度が熱くなり過ぎないように、逆に冷え過ぎないように、適温を保つという役割を担うのが金融政策だ。各国の中央銀行はこの金融政策を通じて、市場の金利を調整している。

その金利を決めるための手がかりとなるのが、行政や民間で発表する経済指標。金利、景気に関わってくる経済指標は、その発表の前後で為替相場が動くポイントになるため、たいへん重要であり、つねにチェックしておく必要がある。

経済指標は、前回値、今回の予想、今回の結果の3つで構成されている。このうち、結果として発表される数字の大小よりも予想と結果に注目す

るその国の通貨が高くなるとは限らない。たとえば、金利を高めにして、通貨の価値を支えようとしていたアルゼンチンは、その矛盾に耐え切れずに01年にデフォルト（債務不履行）を起こしたことがある。

為替相場の情報を得るには
FX取引会社で口座を開設すると、会員情報として市況速報や経済カレンダーなど詳細な情報が得られる。

為替相場は前回比よりも予想に対しての結果で動く

「今回の予想は＋10（前回は±ゼロだった）」

発表予定時間となり結果発表

＋5だった	＋10だった	＋20だった
悪い！	予想どおり	ものすごくよい！
↓	↓	↓
相場に悪影響	マーケットは動かない	通貨高、株高など
→前回より改善してもインパクトは限定的。		

相場が動く要因①
ファンダメンタルズに影響を与える
経済指標 生産 PRODUCTIONS

基本となる構図
GDP成長率が予想以上に伸びた
↓
景気にプラス
↓
通貨も買われる

生産に関する指標は、経済活動そのものを表す大事なものである。そのなかでも最も代表的な指標がGDP（国内総生産）統計だ。GDPとは、一定期間に国内で生産された財貨・サービスの価値額の合計で、国民総生産から海外での純所得を差し引いて求められる。

GDPの構成要素としては、個人消費（家計）、設備投資（企業）、政府支出（国家）、輸出入（外需）の4つが大きなウエイトを占めている。統計は四半期ごとに年4回作成され、公表される数字は速報値、改定値、確報値の3種類となっている。そのなかで為替相場を動かすという意味においては、速報値がいちばん重要となる。

一般的に「経済成長」とは、どの程度、GDPが伸びたかを示すGDP成長率のことを指す。景気がよいかどうかの判断にも使われ、GDP成長率がプラスになれば景気がよいということになり、その国の通貨は強くなる。一方、マイナスになれば景気が悪いということになり、その国の通貨は弱くなる。

生産に関する指標としては、その他に「鉱工業生産」「設備稼働率」「住宅着工件数」「耐久財受注」「製造業受注」「機械受注」「建設支出」なども経済活動が活発であるかどうかを判断する材料となる。これらも予想比や前回比が為替マーケットを動かす要因となる。

生産に関する主な経済指標

国	経済指標	発表時期	コメント
米国	GDP	毎月21～30日（四半期ベース）※	世界中の投資家が注目している米国のGDP。特に速報値は必ずチェックしたい
米国	耐久財受注	毎月20～30日	耐久財新規受注は速報として先立って発表され、特に非国防資本財受注は設備投資の先行指標として注目度が高い
日本	GDP	速報は3月、6月、9月、12月の四半期ごと。2次速報は4カ月半後	発表時期が遅いので、他国のGDPと比べ、マーケットへの直接の影響も限定されるケースが多い。また、海外からの投資収益の季節変動が大きいことなどを背景に、日本の場合はかなりブレが生じる
日本	鉱工業生産	月次／速報は翌月下旬、確報は翌々月	景気判断で最も重要な指標のひとつで、速報に注目が集まる。ただし、非常に振れが大きい指標でもある
ユーロ	GDP	3月、6月、9月、12月（中旬）	欧州委員会統計局（Eurostat）が、翌四半期の最終月に速報値を発表。その後、月次で改定値が発表される
英国	GDP	1月、4月、7月、10月（下旬）	速報値発表後、月次で2回改定値が発表される。英国の景気動向は米国に先行する傾向が見られるため、世界経済の先行きを占ううえで注目が必要

※速報値：1・4・7・10月／暫定値：2・5・8・11月／確定値3・6・9・12月

Case1 GDPの発表が為替相場を動かした例
USD/JPY

日本のGDPの発表
事前予想 +0.2%
結果 +0.5%

118.25付近
117.50
06年 11/13 11/14

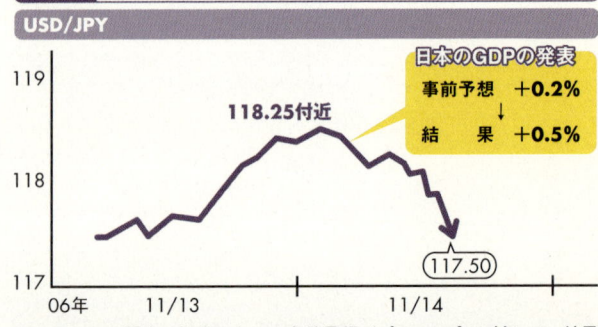

日本のGDPが朝方に発表になり、事前予想がプラス0.2%に対して、結果はプラス0.5%となった。前日の欧州市場あたりからドル円は上昇を続けて118台を回復していたが、予想外に良い結果で一気に円高となり、午前中だけで117.50円を割れるまでドルが売られ、円が買われた。

相場が動く要因①
ファンダメンタルズに影響を与える
経済指標 インフレ
INFLATION

基本となる構図

インフレ率が上昇した
↓
金利が上昇する
↓
通貨も買われる

インフレを表す経済指標は、金利の動向に深く関わってくるので、重要だ。

インフレに関する指標は見逃すことはできないのだ。

では、インフレに関する指標には、どのようなものがあるのだろうか。これらを表す代表的な指標が「消費者物価指数（Consumer Price Index）」と「生産者物価指数（Producer Price Index）」だ。そのなかでエネルギーや食料品の価格は変動が激しいため、この部分を除いた「コア」と呼ばれる数字が重視されている。

インフレとは、「インフレーション」の略で、一般的にはモノの値段が上がっていく状態をいう。モノの値段が上がるということは、相対的に通貨価値が減退することを意味する。たとえば1個100円のリンゴが、1個200円に上昇したら、200円で2個のリンゴを買えたはずが1個しか買えない。つまり通貨価値が下がったことになる。逆に、モノの値段が下がっていく状態のことをデフレという。

インフレ率の上昇は、金利を上昇させ、ひいてはその国の通貨高を導く。また、GDP成長率が高くても、それ以上にインフレ率が高ければ、国民生活は苦しくなる。過度なインフレはよくないので、中央銀行が政策金利でコントロールすることになる。為替相場は金利と関わりが深いため、その金利に影響を与える。

インフレに関する主な経済指標

国	経済指標	発表時期	コメント
米国	消費者物価指数	毎月15日前後	生産者物価よりも数字としてインフレが現われるのは遅くなるため、PPIに比べて遅行指標である
米国	生産者物価指数	毎月15日前後の木・金曜日	加工段階別のうち最終財の価格や商品・エネルギーを除いたコア・インフレ率が重要
日本	消費者物価指数（全国、東京都）	月次／全国ベースは翌月の26日を含む週の金曜日、東京都速報は当月の26日を含む週の金曜日	生鮮食品を除いたベースで見るのが一般的。東京都区部のデータのほうが速報性もあり、注目度は高い
日本	企業向けサービス価格指数	翌月の第18営業日	消費者物価指数に対して先行指標的な動きをする特徴がある
日本	卸売物価指数	月次、および毎旬	国内卸売物価の動向が注目内容となる
ユーロ	生産者物価指数（PPI）	月次／翌々月の上旬	欧州委員会統計局（Eurostat）が発表
ユーロ	消費者物価指数（HICP）	月次／翌月中旬	欧州委員会統計局（Eurostat）が発表
ユーロ	ドイツの消費者物価指数（CPI）	月次／当月下旬	ユーロ基準にあわせた調和消費者物価指数が他国と比較しやすい

Case2 PPIの発表が為替相場を動かした例
EUR/USD

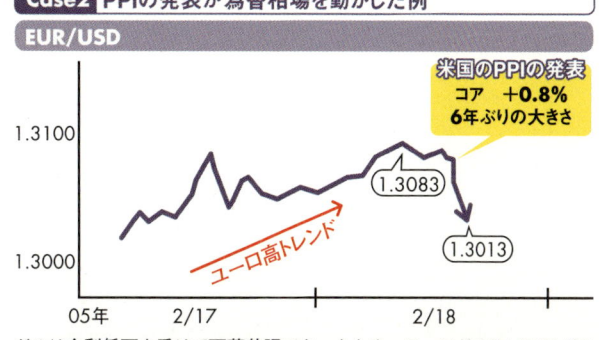

米国のPPIの発表
コア ＋0.8％
6年ぶりの大きさ

1.3100 — 1.3083
1.3000
ユーロ高トレンド
1.3013
05年 2/17 2/18

ドルは金利低下を受けて下落基調であったため、ユーロドルは1.3100ドルを目指してユーロが上昇していた。しかし米・PPIのコアの数字が6年ぶりの高水準となったことでドル金利が上昇。ユーロドルは1.3080ドル付近から1.3010ドル付近に急落した。

相場が動く要因①
ファンダメンタルズに影響を与える
経済指標 雇用 EMPLOYMENT

基本となる構図
雇用が改善
↓
景気にプラス
↓
通貨も買われる

国の雇用状況を表す経済指標が失業率などの雇用統計だ。

一見、雇用の状態は為替相場に直接影響をおよぼさないように感じるが、個人消費や企業の生産活動すべてに関わっており、また政治的な問題にもなりやすく、金融政策にとっても重要な要素なのである。

特に米国では建国以来、「完全雇用」を国是としており、失業率などの指標は金融政策に大きな影響を与えるため、為替市場ではたいへん重要視されている。日本時間では毎月第1金曜日に発表になり、なかでも非農業部門の雇用者数の変化に注目が集まっている。

日本の完全失業率は15歳以上の働く意思のある人のうち、職に就いていない人の割合を示しているものであり、完全失業者数÷(就業者数+完全失業者数)×100で求められる。仕事を探していない者は、失業者には含まれない。

しかし、最近は派遣社員など非正規社員の増加などで、一概に景気と失業率が相関関係にあるとはいえない。特に日本では不況の時にかえって失業率が下がり、景気回復局面では転職希望者の増加により失業者が増えるといった現象が見られる場合もある。そのため、失業率は景気に対して遅行指標となることが多い。

ただ前述したように、米国の雇用者数の増減によって相場が変動することは事実である。失業率の多寡ではなく、前回の雇用者数の増減(雇用状況の改善・悪化)が、その国の通貨の変動につながることは覚えておいたほうがいいだろう。

雇用に関する主な経済指標

国		発表時期	コメント
米国	非農業部門就業者数	毎月第1金曜日	非農業部門の事業所の給与支払い帳簿を基に集計。経済政策変更のきっかけとなることが多い
	失業率	毎月第1金曜日	失業率は、「失業者÷労働力人口×100」で定義される
	新規失業保険申請件数	毎週木曜日	失業した者が失業保険給付を初めて申請した件数を集計したもの。景気の動きに敏感に反応する
日本	失業率	月次／速報は翌月末、または翌々月初	バブル期に日銀がインフレ圧力の理由として労働需給の逼迫をあげたことで、注目度が高まるようになった
ユーロ	失業率	月次／翌々月の上旬	欧州委員会統計局(Eurostat)が発表
	ドイツの失業率・失業者数	月次／翌月の上旬。季節調整値は翌月末	15歳以上で仕事に就いておらず、3カ月間・週20時間以上の労働を望み、求職登録をした者が対象

Case3 非農業部門就業者数の発表が為替相場を動かした例

USD/JPY

米国の非農業部門就業者数の発表
−1.7万人
(予想＋7万人)

08年2/1　15:30　20:30　01:30

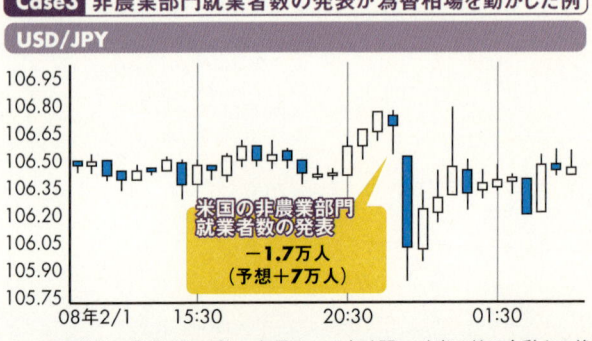

米・雇用統計の発表がある第1金曜日の日本時間22時半の前は小動きの状態だったが、発表後の結果が予想に反して悪いと、急激にドルが売られることになった。この時は、予想プラス7万人だったが、結果はマイナス1.7万人だった。

相場が動く要因①
ファンダメンタルズに影響を与える
経済指標 収支
BALANCE

基本となる構図

収支が悪化した	収支が改善した
↓	↓
通貨は売られる	通貨は買われる

「収支」とはお金の「入り」と「出」の状態を表すものだ。このうち、貿易収支を表す経済指標は、為替市場と関わりが深い。

貿易収支がプラスというのは、輸出分が輸入分の総額より大きいこと。日本やドイツの貿易収支はいつも大幅な黒字で、米国や英国などはいつも赤字という状態が続いている。

ではなぜ、貿易収支が為替相場に影響をおよぼすのだろうか。貿易黒字が続けば、超過分の外貨がそのまま蓄積され、いつかは自国通貨に交換されることになる。貿易黒字国の通貨は買われやすく、貿易赤字国の通貨は売られやすくなるのはこのためだ。

米国のようにつねに赤字である場合には、単月ベースの赤字幅の増減に為替市場は注目する。しかし、赤字分を埋め合わせていれば問題がないという発想から、最近では「対米証券投資」の収支状況

で、どれだけ米国が海外からお金を調達できているかが重要視されるようになってきた。集計するタイミングは若干違っているが、直近に発表された貿易赤字を投資資金の流入で埋めきれていなければ、お金の調達がうまくいっていないということになる。

また、国の収支を表す指標が「財政収支」である。「財政収支」の悪化は国の信用力を低下させ、まして国の借金である国債残高がGDP比で増えることも好感されない。「財政収支」の悪化で金利上昇をもたらすこともあるため、その国の通貨は売られやすくなる。

特に日本は先進国のなかでもGDP比で膨大な国債残高を抱えているため、国債残高が大きく話題になる時や、日本国債の入札状況などが悪いというニュースが出る時は、円にはネガティブな要素となる。

貿易収支に関する主な経済指標

国	経済指標	発表時期	コメント
米国	貿易収支	毎月20日前後	ドルが中・長期的に下落している局面では特に関心が高くなる傾向がある
日本	国際収支(速報)	月次/翌々月の下旬	
	国際収支(四半期)	3月、6月、9月、12月(上旬)	欧州委員会統計局が、翌四半期の最終月に速報値を発表。その後、月次で改定値が発表される
ユーロ	国際収支(月次)	月次/翌々月の下旬	欧州中央銀行(ECB)が発表
	ドイツの貿易収支・国際収支	月次/翌々月の上旬	国際収支統計は、IMFの国際収支提要に準拠。原型数は翌々月上旬、季節調整値はその翌月に発表

Case4 貿易収支の発表が為替相場を動かした例

USD/JPY

- 114.66
- 114.15
- 谷垣発言
- 米国の貿易収支の発表(5月分)
  −638億米ドル
  (予想−653億米ドル)
- 06年 7/11 7/12

谷垣財務大臣の「ゼロ金利解除は急がなくても」という発言で、114円台前半にあったドル円は円売りドル買い方向となっていた。そこに米国の貿易収支が、予想(マイナス653億ドル)よりも赤字幅が少なかったことで、ドルをさらに買う動きとなり、これを契機にじりじりとドル高となっていった。

相場が動く要因①
ファンダメンタルズに影響を与える
経済指標 センチメント調査
SENTIMENT CHECK

基本となる構図

センチメントがよい
↓
株高になる
↓
通貨も買われる

センチメント調査は企業や消費者のマインドを計るためのアンケート調査で、将来の消費や景気動向を探るには絶好のものだ。ただ、その国の株価は比較的高い数値を維持している時期は景気に対しては遅行するという欠点がある。

しかし、米国においてはセンチメント調査が非常に重要視されている。なかでも「消費者信頼感指数」、「シカゴ購買部協会景気指数」、「ISM製造業・非製造業景気指数」、

「ミシガン大消費者信頼感指数」、地区連銀が作成する「ニューヨーク連銀製造業景気指数（通称エンパイア指数）」、「フィラデルフィア連銀製造業景気指数（通称フィリー指数）」などに対する関心が高い。

欧州では「GFK消費者信頼感指数」「IFO景況感指数」、日本では「日銀短観」が注目されている。調査の結果がよいと、素直に株式相場がにぎわうという傾向があり、そのため、その国の通貨が買われるという動きになる。

センチメント調査に関する主な経済指標

国	発表時期	発表時期	コメント
米国	ISM製造業景気指数	毎月第1営業日	ISM（供給管理協会）が発表する製造業における景気転換の先行指標。50がよし悪しを測る分岐点
	ISM非製造業景気指数	毎月第3営業日	ISM（供給管理協会）が発表する非製造業における景気転換の先行指標
	消費者信頼感指数	毎月25日〜月末	消費者に対するアンケート調査を基に消費者のマインドを指数化
	ミシガン大消費者信頼感指数	毎月10日前後の金曜日（速報値）、最終金曜日（確報値）	ミシンガン大のサーベイ・リサーチセンターが実施する消費者のマインドを指数化
	フィラデルフィア連銀製造業景気指数	毎月第3木曜日	フィラデルフィア連銀の管轄地域における製造業の景気感。ISMとの相関が比較的高い
	ニューヨーク連銀製造業景気指数	毎月15日前後	NY連銀の管轄地域における製造業の景況感。ISMとの相関が比較的高い
	シカゴ購買部協会景気指数	毎月月末	シカゴ購買部協会が発表する景気指数で、フィラデルフィアやNY連銀指数と比較される
日本	日銀短観	4月初・7月初・10月初・12月中	資本金10億円以上の上場企業などを対象に、アンケート形式で調査し、それを数値化した指標
	景気動向調査（LOBO調査/早期景気観測）	毎月初	全国の商工会議所がさまざまな業種の組合にヒアリング。「肌で感じる足元の景気感」を全国ベースで毎月調査
ユーロ	企業信頼感指数	月次／当月下旬	欧州委員会が発表する景況指数
	ドイツのIFO景況感指数	月次／翌月の中旬	IFO研究所が数千社を対象に調査。景気の先行指標として注目度はきわめて高い
英国	GFK消費者信頼感指数	月次／当月下旬	ドイツの市場調査会社のGFKが発表する景況指数

Case5 センチメント調査が為替相場を動かした例

USD/JPY

シカゴ景気指数
予想 61.0
結果 49.0

111.78 → 110.37
110.47

05年 8/30 8/31

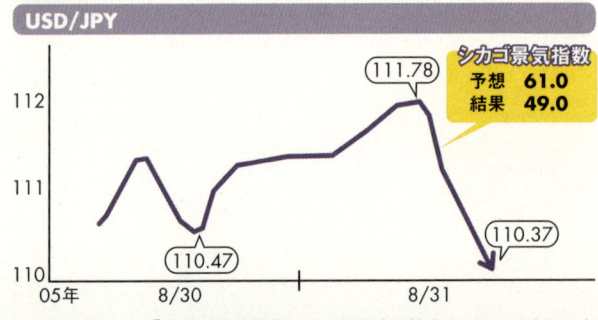

原油高を受けて、「米国が戦略備蓄してある原油を放出するのではないかという話が出て112円付近まで上昇していたドル相場であった。しかしシカゴ景気指数が発表になり、事前予想61.0に対して結果は49.0とたいへん悪いものであったために、110.37付近までドルは売られた。

相場が動く要因①
ファンダメンタルズに影響を与える
経済指標 消費
CONSUMPTION

基本となる構図
消費が伸びる
↓
景気にプラス
↓
通貨も買われる

消費に関する指標は、GDP成長率に大きく関わってくる。なぜなら、先進国の場合、GDP総額の7割近くを個人消費（家計）が占めるため、消費の動向がGDPの行方に大きな影響を与えるからだ。

これに関する経済指標が「個人支出」、「住宅販売」、「小売売上高」、「企業在庫」、「卸売在庫」など。

住宅関連の指標は、支出する金額も大きいため消費活動の先行指数となる。「住宅販売」は「中古住宅」と「新築住宅」の販売に分けて発表されるが、米国では圧倒的に中古住宅市場のほうが大きいため、「中古住宅販売」の数字のほうが注目される。

「企業在庫」や「卸売在庫」の増加は、消費が伸び悩んでいる場合と、将来の消費の伸びを見越している場合が考えられるので注意が必要だ。これらの指標は、他の経済指標などとも合わせて総合的に見てみる必要がある。

「個人支出」の発表の際に、「PCEデフレーター」という物価指数も発表になるが、この指数から食料品とエネルギーを除いた「コアPCEデフレーター」とともに、FRBがインフレの指標として注目しているといわれている。

消費に関する主な経済指標

国	経済指標	発表時期	コメント
米国	個人所得・支出	毎月月末	消費の最大の決定要因である個人所得とは、社会保険料を控除したあとの個人が実際に受け取った所得
米国	小売売上高	毎月第2週	米GDPの3分の2を占める個人消費のトレンドが把握できる。3〜4カ月のトレンドを追ったほうがよい
米国	中古住宅販売	毎月25日から月末	景気変動に対する先行性が比較的高いといわれる
日本	全世帯消費支出		消費動向を見るうえで最も重要な指標のひとつ

Column 経済指標の結果が織り込まれているケースもあるのでご用心

ここで紹介した6つの経済指標だが、その重要度は時によって変わる。また市場の関心が高くなればなるほど、金融マーケットでは発表の直前からフライング的な売買が多く見られるようになる。こうなると、発表直後の市場は非常によい数値が出ても、材料出尽くしということでかえって反対方向に行ってしまうこともあるので注意したい。また、結果の絶対的な数値よりも、あくまでも事前に出ている予想に対してどうかという観点で見ていく必要がある。

経済指標はFX会社のサイトで調べることができる。FXプライムの会員サイトではさまざまな経済指標データを提供しているので、ぜひチェックしたい。

相場が動く要因②
国家の思惑と相場の期待感が交差する
中央銀行の金融政策

金融政策は、国が発行している通貨の量やインフレの状態をコントロールして、「経済」という生き物が適温を保っていけるように、各国の中央銀行が行なうものである。

外国為替市場は、通貨そのものを売買するマーケットなので、特に各国の政策金利の動向には非常に敏感となる。

通貨の金利水準を決めることになる政策金利の変更は、金融政策のなかでも最重要なものである。それはだいたい月に1回の割合で開かれている各国の中央銀行の審議委員による会議で決定される。

政策決定の過程には、すでに発表されているさまざまな経済指標やそれに基づく景気見通しなどが深く関わってくる。したがって決定内容よりも、なぜその決定にいたったかを示す「声明文」にマーケットは反応することが多いようだ。

金融政策を決定した会議の議事録なども後で公表されるが、その決定過程などが話題となって、さらに為替レートが動くことがある。

それではどのようにして政策金利が決められていくかを、為替市場の3大通貨であり、注目度も高い米ドル・ユーロ・円を例にあげながら見ていこう。

米国の金融政策
議長の人間性にも、世界が熱視線。米ドルだけではすまないFRBの動向

米国では連邦準備制度理事会（FRB）が開く連邦公開市場委員会（FOMC）が最高決定機関で、少なくとも年8回開催される。FOMCへの信頼度は絶大なため、市場の寄せる関心はたいへん大きいものがある。

87年から5期20年にわたってFRBの議長を務めたグリーンスパンは、市場を混乱させない名手といわれていた。彼の発した意見が市場に誤解されて、自分の思惑とは違った方向に相場が動き出しても、その方向修正に必要なマイル

市場では注目度の高いものとなる。

FOMCのメンバーは、7人の理事と各地区連銀の総裁5人の計12人。ニューヨーク連銀総裁以外は、残り11行の総裁の持ち回りとなっているため、議決権のある地区連銀トップの発言には、日ごろからたいへん注目が集まることになる。

また米国の中央銀行にあたるFRBは、日本銀行のようにひとつの銀行の下に各地域の支店があるという組織ではなく、12のそれぞれ独立した地区連銀の上にこれを統括する組織として存在している。

ド感あふれる彼のコメントは絶品で、FOMCではなく彼がひとりですべてを決定していると思っていた人もいたほどだ。

いずれにしても米国の金融政策は、基軸通貨であるドルの価値を左右するので、為替

為替市場から好感を持たれたグリーンスパン前FRB議長

グリーンスパンは、つねにFRBが市場や経済の実態をどのように評価しているかを市場に伝えるのが上手だった。00年のIT株の継続的上昇を「投機的バブル」と表現して警告を発したり、長短金利が逆転した時に、「今の長期金利はナゾ」と述べて中央銀行が完全にコントロールすることはできないことを伝えたことなどが有名だ。

（写真：読売新聞社）

マーケット情報：会員情報
金融政策決定会合日程

各通貨の政策金利水準のグラフはこちら
※以下、表内の国旗をクリックすると各国の金利水準をご覧いただけます。

2008年	（日本銀行）	（FOMC）	（ECB）	（MPC）	（BOC）	（RBA）	（RBNZ）
1月	21・22日	29・30日	10日	10日	22日	-	24日
2月	14・15日	-	7日	7日	-	5日	-
3月	6・7日	18日	6日	6日	4日	4日	6日
4月	8・9・30日	29・30日	10日	10日	22日	1日	24日
5月	19・20日	-	8日	8日	-	6日	-
6月	12・13日	24・25日	5日	5日	10日	3日	5日
7月	14・15日	-	3日	10日	15日	1日	24日
8月	18・19日	5日	7日	7日	-	5日	-
9月	16・17日	16日	4日	4日	3日	2日	11日
10月	6・7日、31日	28・29日	2日	9日	21日	7日	23日
11月	20・21日	-	6日	6日	-	4日	-
12月	18・19日	16日	4日	4日	9日	2日	4日

各国の中央銀行会議など、金融政策決定会合の日程をFX取引会社のサイトでは見ることができる。当日の発表によって相場は劇的に動くこともあるのでチェックしておきたい。上の画面はFXプライムの例

Column　国際会議の発表にも注意

経済や金融のグローバル化が進む現在では、一国だけの政策だけで問題を解決することが困難である。そこで設けられたのがG7に代表される国際会議だ。G7とは、日本、米国、ドイツ、イギリス、フランス、イタリア、カナダの財務、金融当局のトップのほか、欧州中央銀行（ECB）総裁、国際通貨基金（IMF）の専務理事らが加わり、国際的な経済・金融問題について議論する場だ。最近ではロシアを加えた8カ国や、経済発展が目覚ましい新興国が参加するG20なども開かれている。開催は不定期だが、世界の経済関係者のトップが集う会議なので、その行方に金融関係者はかたずをのんで見守っている。

G7などの国際会議では「コミュニケ」と呼ばれる声明文が発表される。この声明文は参加国の同意が必要なため、意見調整されたあいまいなものだが、その方向性は文面から解釈できる。最近では、「為替相場は経済のファンダメンタルズを反映すべきであることを再確認する。我々は引き続き、緊密に為替市場をモニターし、適切な形で協力する」という常套文句が多いが、最後の「適切な形で協力する」というひと言が「市場に委ねる」という解釈になる。

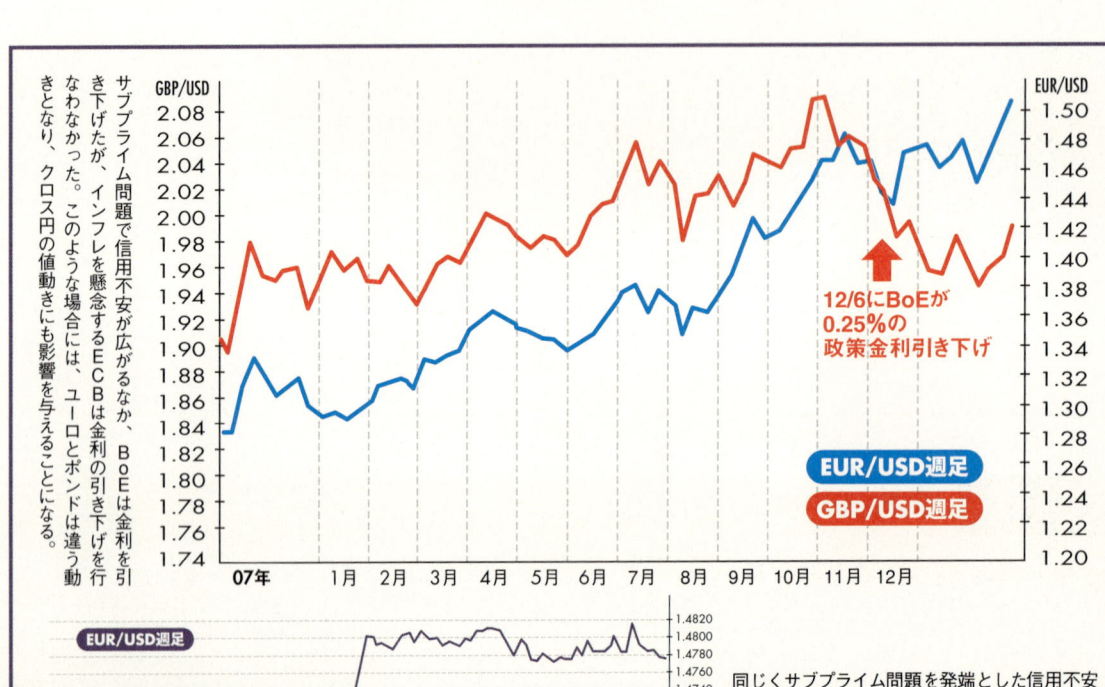

第3章 ファンダメンタルズ／需給 ■ 中央銀行の金融政策

ユーロの金融政策

各国の思惑とインフレへの警戒感が金利引き下げにブレーキをかける

ユーロ圏の金融政策を決定する中央銀行にあたるものが、欧州中央銀行（ECB）だ。ECBの総裁・副総裁および4人の理事で構成する役員会と、ユーロ参加国の中央銀行総裁によって構成される運営管理事会で成り立っており、金融政策決定のための会合は、月に一度開催されている。

最近のユーロ高の影響もあり、トリシェECB総裁の強気な発言は為替市場に刺激を与えている。

ユーロは複数の国が参加しているため、総裁、理事はもちろんのこと、参加国中央銀行総裁の発言も注目されている。

さらにはユーロを採用していないものの、旧植民地の国とつながりのあるイギリスの中央銀行（BoE）の存在も無視できない。なかでもユーロに通貨統合が行なわれた99年までは、ドイツの中央銀行が圧倒的に欧州経済をリードしていたこともあり、またECBの組織もこれを模して作られていることから、ドイツの経済指標がユーロの政策金利決定の最重要要因となっている。

しかし最近では、ECBの金融政策理事会は、参加国数も増え、また国内事情が異なるため、政策決定までの過程に統一感が欠ける面があるのも現状だ。

欧州は大戦後に何度もハイパーインフレを経験したため、インフレに対する警戒感がたいへん強く、金利の引き下げには慎重であるという特質がある。

サブプライム問題で信用不安が広がるなか、BoEは金利を引き下げたが、インフレを懸念するECBは金利の引き下げを行なわなかった。このような場合には、ユーロとポンドは違う動きとなり、クロス円の値動きにも影響を与えることになる。

同じくサブプライム問題を発端とした信用不安の高まりで、米国に追随してECBも利下げを行なうのではないかという見方もあった。しかし理事会が開かれ、その後のトリシェ総裁の会見では、インフレに対処するために利上げを主張したメンバーもいたことがわかり、ユーロドルは150ポイントちかく上昇した。

12/6にBoEが0.25%の政策金利引き下げ

EUR/USD週足
GBP/USD週足

050 これからはじめる人のためのFX練習帳

日本の金融政策

通貨の価値は下がったものの、為替市場への影響大
いまだ世界が注目する日銀総裁の発言

日本の金融政策決定会合は、月1回開かれる。もちろん決定機関は日本銀行だ。

長期のデフレ経済に陥った日本では、超低金利の状態が10年以上続いてきた。赤字国債の発行など公的部門の債務は増大し、財政面からも金融政策をしばっているといわれている。

05年から06年には、日本企業の業績改善、株価上昇など日本の景気にも回復の兆しが見えていたため、金利引き上げのタイミングを探っていた。しかし、米国のサブプライムローン問題の飛び火を受け、現在では金利引き上げのタイミングを逸したといえる。

日銀総裁の発言と呼応して、政治家や政府高官からのコメントが出てくるが、こうした金利動向をめぐる綱引きが、為替市場に微妙な作用をおよぼしてくる。

世界における円の地位は低下してきているが、為替市場への影響は現在も決して小さくない。

特に円高に対してのネガティブな反応として、日銀では過去に膨大な額の市場介入を行なってきた。市場介入とは中央銀行などの通貨当局が自国通貨レートの安定を目的に外国為替市場で取引を行なうことである。

03年から04年にかけて急激な円高が進んでいたため、日銀では1日1兆円を超す円売り（ドル買い）を行なった。その総額は35兆2564億円までおよんだ。

この日銀介入は通貨政策の任を担っている財務大臣が発令する。その決定にあたっては特に財務官の影響が大きいといわれている。溝口財務官は03年から04年に総額35兆円強の介入を行なったが、その後を引き継いだ渡辺財務官時代（04年6月〜07年7月）は、まったく介入を行なわなかった。

このように実弾を使っての介入は、市場でも絶大なインパクトがある。この介入があるからこそ、日銀総裁の発言も効果があるといえよう。今後も、急激な円高が進む局面では、日銀の動向をチェックしておく必要があるだろう。

日本政策金利の推移

相場が動く要因③ 要人発言

ひとりの発する言葉が為替市場を混乱に導くことも

ひと言に右往左往するのではなく、長期の相場の方向性を見るのに役立てる

為替市場はつねに情報に飢えている。そのため、世界中の投資家は各国の経済を司る要職の発言にも、絶えず注目している。

それが思わぬ通貨変動を起こす「要人発言」だ。ただし、その「要人発言」をうのみにしてはいけない。その発した人の立場、時期、意図を読み解くことが重要となる。

要人というのは、政治家や官僚、特に金融政策の決定に影響を与える金融当局者のことを指し、その他影響力のある業界団体の人も含んでいる。

そのような人の発言は記者会見などを通じて公式に、かつ予定されたものを淡々とこなすのが通例だ。これらは経済カレンダーなどにあらかじめ載っているので、事前にチェックしておくことができる。

内容としては、金融政策に関するものがいちばん注目されるが、財政に影響を与えるようなこと、または外国為替市場そのものについてのことも注目を集める。

欧州中央銀行（ECB）の総裁が現行の金利水準をどう見ているのか、アメリカの中央銀行にあたる連邦準備制度理事会（FRB）はインフレ圧力をどう感じているのかなど、政策金利の引き上げ（引き下げ）が予測できる発言を市場は求めている。たとえば最近では、FRB議長が追加利下げを示唆する内容の発言を行なってから、為替レート

「要人発言」はFX会社のサイトでチェック！

要人発言をチェックするのは大変だが、FXプライムのサイトでは「相場を動かす一言」という会員情報があり、それを利用するのが便利。誰がどんな発言をしたのか、一目瞭然だ。

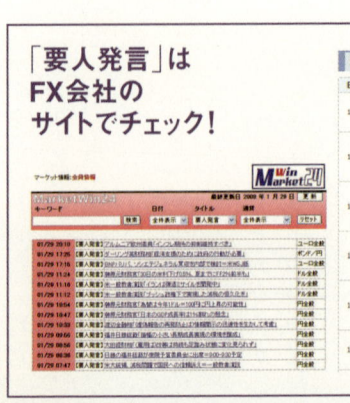

の水準が変わったことが好例だろう。

これは近い将来の金融政策を見通すのに非常に役立つ。ほぼ毎日のように誰かがコメントし、メディアでも報道されているので、インターネットのニュースなどでも把握することは容易だ。当局者の発言内容を追っていくことで、金融マーケットの方向性が見えてくることもある。

しかし、これらの要人発言は予定されているものだけではなく、いきなり飛び出してくることもある。政治家の不用意な発言である場合や、政府高官のリークとしてわざわざ流される場合もある。そしてこの発言が原因で、市場が混乱することが多々あるのだ。何ぶんにも予測は不可能。しかしそれを境にして、相場の流れが変わるというようなこともあるので、つねに注意しておくことが必要だ。

【福井総裁の発言による2005年の円の動き】

USD/JPY週足

日銀の福井総裁は「金利の調整はゆっくりと」という発言を繰り返し行なっていたため、ゼロ金利の解除と金利の引き上げはないとする見方によって、ドル円相場は05年はずっと円安方向に動いていた。

【日銀関係者の発言による円の動き】

USD/JPY30分足

日銀関係者の発言

「利下げを論じる場合は副作用についての十分な議論が必要だ」「0.5%だからといって、動かせない（下げられない）とは思わない」など、日銀審議委員や日銀調査統計局長の利下げをめぐる発言により、ドル円相場はというほど硬直的円安方向に動いた。

為替相場を動かす世界の主な要人

英国
・首相
・財務相
・中銀総裁
・中銀政策委員

カナダ
・首相
・財務相
・中銀総裁

スイス
・大統領
・経済大臣
・中銀総裁

日本
・総理大臣
・財務相
・財務官
・経済財政担当相
・金融相
・日銀総裁
・日銀副総裁
・日銀審議委員

米国
・大統領
・財務長官
・財務次官
・FRB議長
・FRB副議長
・FRB理事
・ニューヨーク連銀総裁
・リッチモンド連銀総裁
・ダラス連銀総裁
・フィラデルフィア連銀総裁
・アトランタ連銀総裁
・セントルイス連銀総裁
・ミネアポリス連銀総裁
・シカゴ連銀総裁
・サンフランシスコ連銀総裁
・クリーブランド連銀総裁
・カンザスシティー連銀総裁
・ボストン連銀総裁

ユーロ
・ECB総裁
・ECB副総裁
・ECB専務理事
・ECB理事
・ドイツ連銀総裁
・フランス中銀総裁
・イタリア中銀総裁
・オランダ中銀総裁
・欧州委員
・独財務相
・仏財務相

ニュージーランド
・首相
・中銀総裁

オーストラリア
・首相
・財務相
・中銀総裁

相場が動く要因④

思わぬ出来事が国の経済にダメージを与える

政治問題や突発事項

政治的問題で「有事のドル買い」が「有事のドル売り」に変化

通貨は国が発行するモノだけあって、その母体である国のファンダメンタルズに密接にからんでいる。もし何らかの災害や事故があり、国にダメージを与えた場合、その通貨も当然下落することになる。このような突発的な出来事は予測がつかないものの、抱えている政治的な問題などは把握しておいたほうがよい。

ファンダメンタルズには、経済だけでなく軍事・政治といった要素も大きく関わってくる。

政治的な側面でいえば、公共投資が経済成長率に関わってくる場合もあり、また増税や減税などは個人消費にも影響をおよぼすので、結果的に金融市場を動かす要因となる。

また、政治的な不安定は、特に海外の投資家が嫌う。政権与党への支持率低下などは、その国の通貨の下落要因につながり、内閣不信任案が可決しそうな場合、あるいは選挙で与党が窮地に陥るような予測が出ている場合には、為替市場にもそれなりに影響が出てくる。

さらに、長い間、政治問題として未解決になっているような国際問題がある場合には、それに関係するニュースや事件などにも反応する場合もある。たとえば日本の場合、北朝鮮、台湾、そして「政寒経熱」といわれる中国との対外関係などは、地震とともに地政学リスクとして円にとっておきたいことだ。

のネックになってくるわけだ。昨今は国際テロという新たなリスクが顕在化している。昔は「有事のドル買い」といわれるほどの強大な軍事力を持つ米国であったが、01年9月11日の米国同時多発テロ事件のように、米国そのものがその標的となってからは、もはやドルは避難通貨ではなくなったといえるだろう。このように紛争に巻き込まれると、その国の通貨は売られることになる。

要人発言以上に、予測が不可能なことだが、こうした突発的な事態によって相場変動が起こりうるということも知っておきたいことだ。

各国・地域が抱える主な問題

英国
・アルカイダやIRAなどによるテロ

ユーロ
・異常気象（熱波・寒波）
・加入国の経済格差による摩擦
・アルカイダなどによる国際テロ

日本
・北朝鮮や中国などの近隣アジア諸国との政治問題
・地震による災害

米国
・01年9月の米国同時多発テロ事件以降、イスラム過激派、特にアルカイダによる国際テロ
・「カトリーナ」などの大型ハリケーンによる被害

オーストラリアやニュージーランド
・干ばつなどの自然災害
・原油高などの資源高騰

【郵政法案をめぐるドル円の動き】

郵政法案が参議院で可決される可能性が絶望的であるという見方が濃厚になるにつれて、ドル円は110円台から112円台の後半まで円が売られて上昇していった。そして実際に参議院で否決されたことで、材料出尽くしとなって、急速に円が買い戻された。

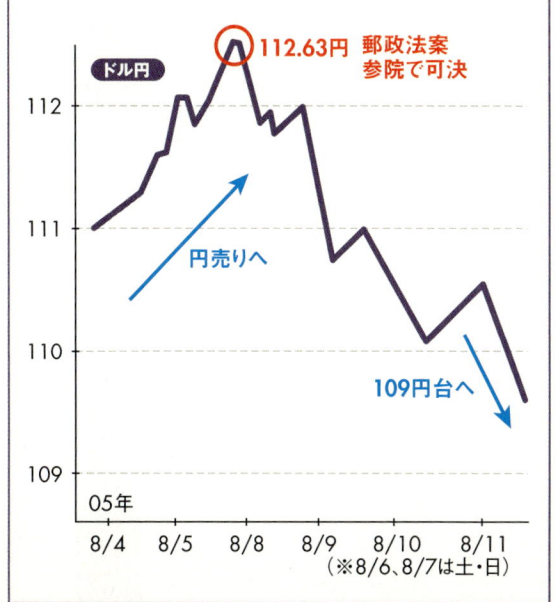

112.63円 郵政法案参院で可決
円売りへ
109円台へ
05年 8/4 8/5 8/8 8/9 8/10 8/11
（※8/6、8/7は土・日）

【ロンドンでのテロ事件によるポンド円の動き】

オリンピックの開催が決定して明るい雰囲気に包まれていたロンドン。朝方の通勤時間帯（日本時間の夕方）に、地下鉄やバスなどで同時爆破テロが発生し、ポンド円は197円付近から194円台まで売られることになった。

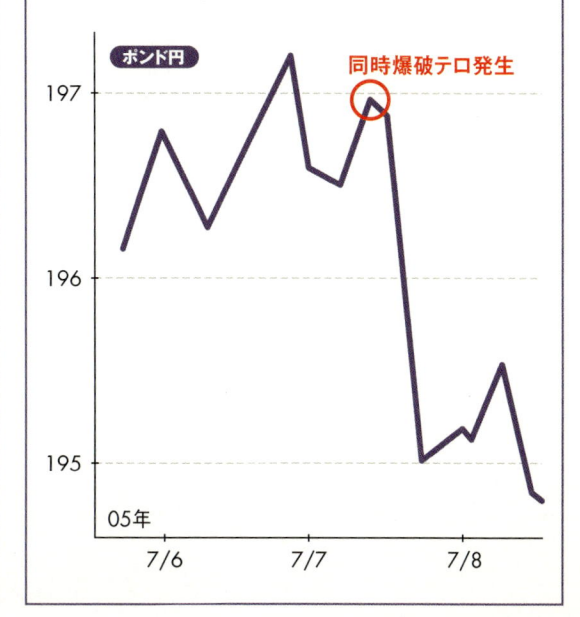

同時爆破テロ発生
05年 7/6 7/7 7/8

相場が動く要因⑤

米ドルは株や商品市場と密接にリンクする

他の金融マーケット

世界の投資マネーは、ある程度決まっている。その投資マネーが為替市場、株式市場、債券市場、商品市場、不動産などをめぐりつつ流れる。そのため、為替も他の金融マーケットの影響を受けることになる。

また為替は国力が反映されやすいため、その国の景気が如実に表れる株式市場や債券市場とは相関関係にあるとされる。では、他の金融マーケットの動向が、為替市場にどのような影響をおよぼすのか見ていこう。

株式市場

「米国株上昇→ドル買い」「米国株下落→ドル売り」というはっきりした連動性を示す

金融マーケットはつねに先を読んでいるため、経済の成長力が求められるのだ。景気の先行きを示す指標として、毎日見ることができるのが株式市場である。株式市場は企業が発行している株式を売買するマーケットだが、為替市場に影響を与えるのは、米国であればダウ平均株価やS&Pであり、日本であれば日経平均株価やTOPIXなどの指数である。

基本的に米国株とドル相場は連動するものだと覚えておいてよいだろう。これは過去の歴史を見れば明らかなことで、ニューヨーク市場で米国株が上がっている時は素直にドル買いとなる。反対に米国株が下がっている時はドル売りとなる。

ここでいうドルというのはドルに関するすべての通貨ペアであり、ドル円以外にもユーロドルでも顕著にその傾向が現われる。それだけ米国市場に影響を与えるのは、米国であればダウ平均株価やS&P、日本であれば日経平均株価やTOPIXなどの指数である。

通貨には国力が反映される。国力には政治や軍事力も含まれるが、現代で最も顕著に国力が顕在化するのは経済力で

債券市場

金利市場の代表・債券市場の動向は、FX投資をするうえで見逃せない

USD/JPY日足 (07-08年)

上図・右図はドル円とNYダウ平均株価の日足を同期間並べたものである。それぞれの日においては多少違う動き方をするが、大きなトレンドにおいては、米国株が上昇する時にはドルも強くなり、米国株が下落する時にはドルも弱くなっている。

NYダウ平均株価 日足 (07-08年)

場は世界からの投資を多く呼び込んでいるというわけだ。

通貨の金利差を利用する「キャリートレード」（金利の安い通貨で資金を調達して、より金利の高いものに投資する）という手法により、超低金利の続く円がその対象とされ、調達した資金は株式などにも投資されているため、近年、特に株価と為替相場の連動性は高まっている。細かく株価を見ている必要はないが、時々は株価指数などがどうなっているのか確かめることは必要だろう。

債券とは、国や地方自治体、金融機関、企業などが必要資金を借り入れるために投資家に発行する借用書のようなものだが、為替市場に影響を与えるのは、主に国債の債券市場だ。

金利動向の観察は外国為替市場では特に重要だ。なぜなら為替相場は、インフレ指標には非常に敏感に反応するからである。インフレ指標が発表されても、為替相場がどちらに動いていいかわからず、小動きの時などは、金利動向を参考にするのがよいだろう。

なぜなら債券価格は世の中の金利を基本として決められているため、日々の金利動向によって債券価格も変動しているからだ。

この金利市場の代表である国債などを売買する債券市場の市況を伝えるニュースを見れば、金利の動向を確かめることができる。

原則として、金利が上昇すると債券価格は下がり、金利が下落すると債券価格は上がるという性質を持っている。そのため、為替市場と債券市場は反相関の動きを見せる。つまり、ある国の金利上昇（債券価格の下落）は、その国の通貨買いに結びつく。

特に米国債の価格の上昇は、米ドル金利の低下を促し、ユーロドル金利の上昇やドル円の下落を招く。反対に米国債の価格の下落は、ユーロドルの下落とドル円の上昇をともなうことになる。

第3章 ファンダメンタルズ／需給 ■他の金融マーケット

また債券市場にはもうひとつ重要な役割がある。それは「質への逃避」と呼ばれるものである。債券というものは本来、安全・確実・有利をうたい文句にしている元本保証の確定利回り商品。「リスク選好度」という視点から考えてみると、株式相場が下落に向かう時は株のようなハイリスク商品よりも、安定利息収入の期待できる債券が好まれ、反対に株式相場の上昇局面では債券を売って株式投資が盛んになる。

債券価格は比較的動きがわかりやすい米国の10年債を見るだけで十分だろう。無理にリアルタイムで債券価格を追う必要もない。

米国の10年債の価格が上がる（金利が低下している）時には、ドルは売られやすくなるし、逆に価格が下がる（金利が上昇している）時には、ドルは買われやすくなることを頭に入れておけば問題はない。

商品市場
商品市場の通貨単位は「ドル」のため、ドルとの関連性は高い

商品市況も外国為替市場において見逃せない市場だ。貴金属やエネルギー関連および食料類などの価格は、すべて米ドルで表示されている。単純な図式でいうと、ドルのままで商品を持っているか、そのドルで商品を買うかとの選択となり、商品相場とドルの価値は反相関であるとされている。

商品相場は価格変動が激しいので、微々たる保有コストは問題にならず、積極的に値上がり益を狙いにいく対象となりやすい。商品の値段が高い時にはドルが売られがちになり、安い時にはドルが買われやすいとされている。このことは最近の原油先物市場の高騰を見てもわかるだろう。

「原油高→ドル安」「ドル安→原油高」の関係は、米ドル建てになっている宿命で、それに呼応して世界の投機筋がさらなる原油買い（ドル安）を行ない、天井知らずの原油高騰となっているのが現状だ。しかし、そういった投機だけではなく、原油高は世界一の原油消費国である米国の経済を圧迫し、その観点からも、ドル安へと傾いているのだ。

USD/JPY日足
07年
4/2 4/9 4/16 4/23 4/30 5/7 5/14 5/21 5/28 6/4 6/11 6/18 6/25

米債価格の上昇は金利の低下、逆に下落は金利の上昇となる。経済指標の発表にも金利市場は敏感なので、為替があまり反応していない時などは、債権価格が参考になる。図のように、債券価格が下落に転じていたら、ドルの金利は上昇と見て、ドル買い方向に動く可能性が高くなる。

米国債（10年）価格
07年
4/2 4/9 4/16 4/23 4/30 5/7 5/14 5/21 5/28 6/4 6/11 6/18 6/25

058 これからはじめる人のためのFX練習帳

EUR/USD日足

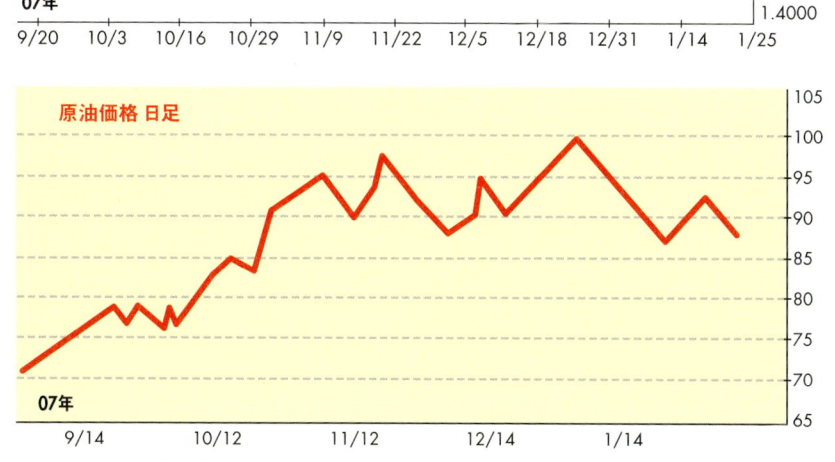

原油価格 日足

ユーロドルと原油価格の動きを日足で比べたものだが、原油高が進むとユーロドルの上昇（ドルの売り）となっていることがわかる。原油の上昇とドル売りはリアルタイムで同時進行して起こるとは限らないが、まったく無視することはできない。

日本の円も原油高に弱い通貨といえる。日本は石油輸入率が非常に高く、またエネルギーの石油依存率も高い。そのため、ドルほどではないものの、原油高が円にとってプラス材料となることは為替市場では考えられない。

逆にユーロは対ドル、対円という立場から、「原油高→ドル安→ユーロ高」になる傾向が強い。その他、石油資源国であるカナダドル、北海油田を持つ英ポンドは原油高の恩恵を受けやすい。また豪ドルは原油高は経済で見るとマイナスだが、石炭や鉄鋼などの資源が豊富に取れるため、原油高につられて、それらの鉱物の価格が上がり、プラス材料となる。このようにひとつの商品価格の変動を見ても、影響を受けやすい通貨と受けにくい通貨がある。

FX投資模擬テスト
ファンダメンタルズ・需給に関する問題

100点

Question

問1
各2点×7

（　）のなかにあてはまる言葉を下の選択肢から選びなさい。

　外国為替相場を動かす要因はさまざまだが、大きく分けると（　A　）とテクニカルのふたつである。（　A　）には、軍事・政治のパワーバランス、（　B　）、（　C　）、国際的な貿易や資本の収支関係などが含まれる。なかでも（　B　）に影響を与える（　D　）はとても重要な要素になる。そのため、経済指標という形で毎日のように各国で、政府や民間団体から（　D　）の状態を表すための統計が出されている。経済指標の発表時間はあらかじめ決まっているので、事前に（　E　）などで、チェックできる。

　また、（　C　）のなかでも通貨は（　F　）と関わりが特に深いため、この決定に影響力を持つ中央銀行や各国政府の（　G　）は注目を集めることになる。

＜選択肢＞
①軍事力　②参加者の心理　③ファンダメンタルズ　④景気　⑤金融政策　⑥海外投資
⑦経済状況　⑧金利　⑨チャート分析　⑩要人発言　⑪人口増加率　⑫政府広報
⑬FX取引会社のサイト　⑭マネーサプライ　⑮マスコミ世論

A［　　］　B［　　］　C［　　］　D［　　］　E［　　］　F［　　］　G［　　］

問2
各2点×3

①～⑨の経済指標を下のA～Cのグループに分けなさい。

①消費者物価指数（CPI）　②GDP成長率　③住宅着工件数　④ミシガン大消費者信頼感指数
⑤中古住宅販売　⑥企業在庫　⑦設備稼働率　⑧生産者物価指数（PPI）

Aグループ：消費動向をみるもの

Bグループ：景気のよし悪しをみるもの

Cグループ：インフレの状態をみるもの

A［　　　　］　B［　　　　］　C［　　　　］

問3

各2点×6

①〜⑥は経済指標と為替相場の基本構図を示したものである。通貨が「買われやすい」場合はaを、「売られやすい」場合はbを記入しなさい。

① インフレ率が上昇した → 通貨は「　　　　」
② GDP成長率が予想以上に伸びた →通貨は「　　　　」
③ 消費が伸びている → 通貨は「　　　　」
④ 雇用が改善した → 通貨は「　　　　」
⑤ 貿易赤字が増大した →通貨は「　　　　」
⑥ センチメント調査が悪かった →通貨は「　　　　」

① [　　] ② [　　] ③ [　　] ④ [　　] ⑤ [　　] ⑥ [　　]

問4

各3点×8

中央銀行の略称とその国・地域を組み合わせなさい。

① BoJ ・ 　　　　・ Ⓐ 英国
② ECB ・ 　　　　・ Ⓑ 日本
③ RBNZ ・ 　　　　・ Ⓒ スイス
④ RBA ・ 　　　　・ Ⓓ オーストラリア
⑤ FRB ・ 　　　　・ Ⓔ 米国
⑥ BoC ・ 　　　　・ Ⓕ EU
⑦ BoE ・ 　　　　・ Ⓖ カナダ
⑧ SNB ・ 　　　　・ Ⓗ ニュージーランド

問5

7点

金利の上がる要因になるものを選びなさい（複数回答可）。

① 景気が悪くなる
② 物価が上がる
③ デフレになる
④ モノが売れない
⑤ GDP成長率が大幅に伸びる
⑥ 住宅販売が好調だ

[　　　　　]

問6　7点

①〜⑤のような要人発言があった場合、その国の通貨が上がる要因になると思われるものを選びなさい（複数回答可）。

① 「インフレに対する懸念を払拭できない」
② 「GDP成長率が来年は大きくスローダウンする」
③ 「センチメント調査の結果はたいへんよい数字だ」
④ 「有効求人倍率が1を割り込んできていることが懸念される」
⑤ 「わが国のGDP規模は、A国よりも大きい」　　　　　　　　　[　　　]

問7　各2点×3

（　　）の中にあてはまる言葉を下の選択肢から選びなさい。

　ニクソンショックによる為替レートの変動相場制導入にはじまった70年代は、中東戦争に端を発するOPEC（石油輸出国機構）の原油価格の引き上げ（いわゆるオイルショック）など、先進国の経済を揺るがすような事態が次々に起こった。このような事態を受けて西側先進国の首脳レベルで、75年に「世界の経済問題に対する政策協調をするための場」としてはじまったのが（　A　＜当初は6カ国＞）である。
　現在では首脳会議、財務相会議、事務レベル会議などに分かれているが、85年の財務相会議で行なわれた（　B　）後に、大きな為替レートの変動が起こった。最近はテーマが外国為替レートにならないことも多くなってきたが、現状の為替レートを追認するか、懸念するかで為替レートが動くこともあるので、（　C　）と呼ばれる声明文などには注意を払っておく必要がある。

［
　＜選択肢＞
　①ASEAN首脳会議　②コミンテルン　③G7　④オスロ合意　⑤コミュニケ
　⑥プラザ合意
］

A[　　]　B[　　]　C[　　]

問8　各3点×3

①〜③は他市場と為替相場の基本構造を示したものである。通貨が「買われやすい」場合はaを、「売られやすい」場合はbを記入しなさい。

① 米国株が売られる　→ドル円は「　　　」
② 米国の債券市場で債券価格が下落（金利は上昇）している　→ドル円は「　　　」
③ 原油価格が高騰している　→ユーロドルは「　　　」

①[　　]　②[　　]　③[　　]

Question

問9　各3点×5

①〜⑤の事柄に対して市場の反応はどうなるか、その傾向の強いほうを○で囲みなさい。

① 米国のGDPの結果は＋3.0％で、前回値は＋2.6％、予想値は＋3.3％だった。
　→ドル円は（上がる　・　下がる）

② 日銀総裁の発言で、円は当面利上げしないことが確認された。
　→ドル円は（上がる　・　下がる）

③ 英国の小売売上高が予想＋2.0％、結果は＋3.5％だった。
　→ポンド円は（上がる　・　下がる）

④ ドイツの株式市場が史上最高値で沸き立っている。
　→ユーロ円は（上がる　・　下がる）

⑤ アメリカのシンクタンクが出した穀物価格の大幅な上昇を予想したレポートが話題となっている。
　→豪ドル円は（上がる　・　下がる）

Answer

解答

問1
A―③　　B―⑦　　C―⑤　　D―④　　E―⑬　　F―⑧　　G―⑩

【解説】
外国為替市場を動かす要因として、ファンダメンタルズは重要な位置を占めている。ファンダメンタルズには、政治・軍事のパワーバランスのように変化の遅いものから、経済状況のように必ず変化の周期のあるものまで、あらゆる要素が含まれている。しかし、経済の状態やその変化は為替市場への影響も大きいので、経済指標、各国の金融政策などは必ず押さえておくようにしたいものだ。テクニカル分析は、ファンダメンタルズを完全に排除して、純粋に値動きを分析するもの。したがってその客観性からプログラム売買などにはよく使われるが、両方を確認して臨むほうが万全の体制であるといえる。

問2
Aグループ：④⑤⑥
Bグループ：②③⑦
Cグループ：①⑧

【解説】
Aグループ：ミシガン大消費者信頼感指数はセンチメント調査で、消費マインドをみるには絶好といわれている。中古住宅販売は住宅の売れ行き、企業在庫は企業にある商品の在庫からモノの売れ行き具合をみる。
Bグループ：GDPは景気のよし悪しを語る代表的な指標。住宅着工件数、設備稼働率は企業がどれだけ生産活動を行なっているかを表し、景気の動向を見る。
Cグループ：モノの流通のなかで川上にあたる企業が出荷する段階で、モノの値段の状態を見る生産者物価指数と、実際に店頭に並んで消費者が手にする川下のモノの値段の状態を見る消費者物価指数は、どちらもインフレ動向をみる経済指標。モノの流れる最初のほうが最後のほうより早く変化が現われるはずなので、生産者物価指数のほうが先行指標といわれている。

問3
①a ②a ③a ④a ⑤b ⑥b

【解説】
マーケットというものは少しでも早く将来に起こる事態を織り込もうとするものなので、経済指標の発表と同時の反応であるかどうかは、時によって違ってくる。しかし基本となる構図を覚えておかないと、まったく正反対の行動を知らない間に取ってしまい、やけどを負うということもあるので、最低限の知識として頭に入れておこう。

問4
①—B ②—F ③—H ④—D ⑤—E ⑥—G ⑦—A ⑧—C

【解説】
ユーロ加盟国は、すべて欧州中央銀行（ECB）の元で一元管理されている。

問5
②⑤⑥

【解説】
景気がよくなると金利の上昇傾向は強まる。住宅などモノが売れることは景気を押し上げることになり、金利を上げることにもなる。

問6
①③

【解説】
インフレ圧力をともない、景気がどんどんよくなってくると金利は上がりやすくなり、景気が悪くなると金利は下がりやすくなる。金利が上がると、通貨高となる可能性が高くなる。また雇用の状況が悪化することは、景気を悪くする要因になる。失業率○％という数字よりも、むしろ米国の就業者数の数字や日本の有効求人倍率の変化が重要になるとされている。GDPの規模そのものはすぐに変わるものではなく、マーケットに影響を与えない。

問7
A—③ B—⑥ C—⑤

【解説】
G7は「世界の経済問題に対する政策協調をするための場」として西側先進国といわれた米国、英国、ドイツ、日本、フランス、イタリア、カナダ（76年から参加）の7カ国ではじまったが、東西冷戦の終結にあわせてロシアを加えたG8となった。また経済のグローバル化により先進国だけで経済問題に対処できないということから、財務相会談については新興国も加えてG20として開催されたこともある。

問8
①b ②a ③a

【解説】
お金を扱うマーケットは為替市場だけではない。株式、債券、商品市場などと密接に絡み合いながら為替市場も存在する。数分単位で必ず平行して動くというものではないが、相関性は低くないのでリアルタイムでなくても、他市場がどのような動きになっているかをチェックしたほうがよい。

問9
①下がる
【解説】前回値より改善していても、事前予想よりも低い時には下がる場合が多い。

②上がる
【解説】金利の引き上げがないということは、通貨売りとなりやすい。この場合、円売りドル買いとなる。

③上がる
【解説】消費動向をみる指標数字が、予想よりもよかったので、通貨高となりやすい。

④上がる
【解説】株高であれば、その通貨も高くなりやすい。

⑤上がる
【解説】豪州は穀物の輸出国なので、穀物価格が高騰する予想だけでも通貨も買われやすくなる。

第4章 テクニカル分析

使いこなせれば、投資家の心強い味方に！

テクニカル分析とは？	P066
トレンドライン	P068
移動平均	P071
一目均衡表	P074
ボリンジャーバンド	P077
パラボリック	P080
フィボナッチ	P081
RSI	P082
ストキャスティクス	P083
サイコロジカル	P084
MACD	P085
テクニカル分析に関する問題／解答・解説	P086

> ローソク足、チャート、トレンドライン、移動平均線……。「テクニカル」と聞いただけで、拒否反応を示してしまう投資家は意外に多い。しかし、テクニカル分析とは相場を通じて導き出された貴重な経験の宝箱。少し勉強すれば誰でも使えるように工夫された相場予測術なのだ。本章では、一見難解そうなテクニカル分析を徹底解説しよう！

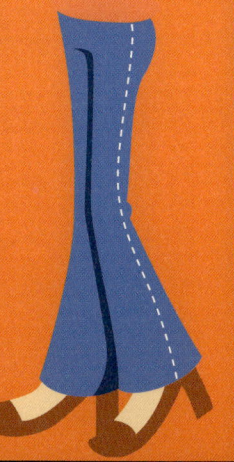

第4章 テクニカル分析 ■ 概説

「勘」だよりでは常勝トレーダーにはなれない！
テクニカル分析とは？

予測不能な為替相場の先を照らす羅針盤

投資とはつねに決断・判断の連続である。しかし投資家も人間である。その日の心理・判断・心情に投資判断が左右されてしまう。テクニカル分析とは必ずしも一定とはいえない勘や心理を排除した分析手法である。だからこそ客観的な判断を可能にしてくれる。

相場を見る客観的な目

現在のドル円の為替レートが110・00円だったとしよう。この先、この為替レートは上昇するのか、下降するのか……。あなたは、いったいどうやって判断すべきだろうか。

まずはじめにすべきことは、110・00円というレベルが、現時点でどのような位置にあるのかを確認することだろう。ひと言でいってしまえば、この作業がテクニカル分析である。

ちなみにこの場合は、前日の取引レンジが高値は111・50円で安値は109・80円だったとしたら、現在の水準は最近の為替相場のなかでは安いほうに位置しているということがわかるわけだ。それに基づいて投資家は、「安いから買ってみよう」とか、「前日の安値を抜けたら売ってしまおう」などと考え、投資判断を下すことができる。

前日の高値・安値というのは主観的な数値ではなく、相場の客観的なデータである。つまり投資家の心理や心情が排除された客観的な数値といえる。

前日の高値・安値から見ていくことにしよう。テクニカル分析は技術的にも相場の現実を表している。このような誰でも入手可能で、客観的な相場のレベルをテクニカルポイントという。テクニカル分析を知る第一歩としては、難しい分析よりも前日の高値・安値など単純なポイントから見ていくことにしよう。

まずは前日の高値と安値をチェックすることからはじめよう！

前日の高値 ●111.50

現在のレートは前日と比べて安いことがわかり、投資判断の参考となる。

現在の為替レート ●110.00-04
（ドル円）

前日の安値 ●109.80

【「日足」の例】

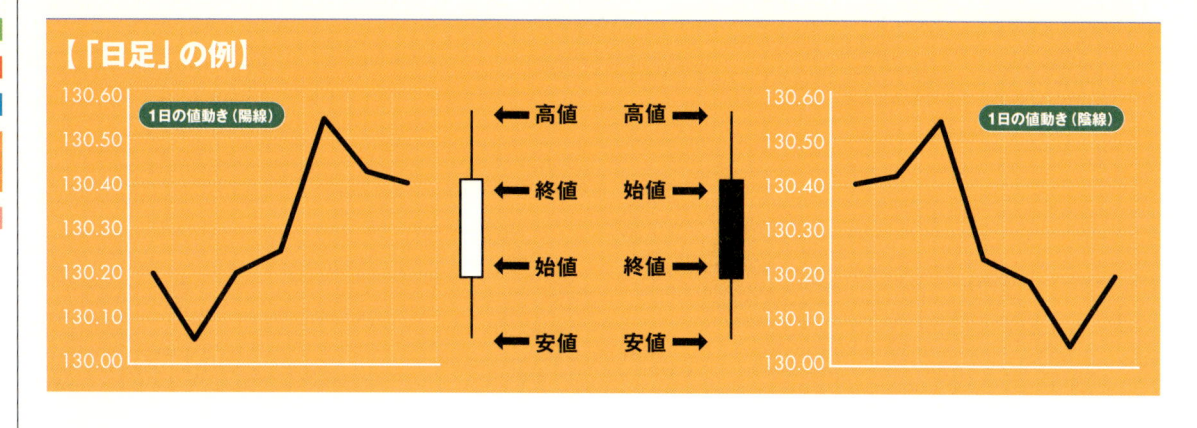

1日の値動き（陽線） — 高値、終値、始値、安値
1日の値動き（陰線） — 高値、始値、終値、安値

[ローソク足とチャート]

ローソク足を見れば、ある一定期間の為替レートが上昇したのか（陽線）、下落したのか（陰線）がひと目でわかる。このローソク足をまとめたものがチャートだ（右チャートは30分ごとの値動きをチャート化した30分足チャート）。

チャートと4本値

テクニカル分析の基本になるのが、4本値とチャートである。

4本値というのは、ある一定期間の始値、高値、安値、終値の集計のこと。チャートというのは、マーケットでついた値段を時系列で表しているグラフである。

チャートにはさまざまなタイプがあり、古くから使われている最もポピュラーなものが、「ローソク足チャート」と呼ばれるグラフである。このローソク足チャートは、4本値で作られる。たとえば「日足」であれば1日の始値と終値で四角を作り、その四角の高値と安値の棒を上下に引き比べて高ければそのまま、安ければ黒色などで四角を塗りつぶれば、でき上がり。終値が始値と比べて高ければそのまま、安ければ黒色などで四角を塗りつぶす。

ローソク足を連続して描いたものが、ローソク足のチャートで、1分足から月足、年足まであるが、日足チャートが一般的

誰もが注目するポイント

テクニカルポイントが大切なのは、その周辺で売りと買いの思惑が交錯するためである。もし相場が下落してテクニカルポイントに近づけば、市場参加者の多くがそれを見て安値圏だと考える人が多くなる。そして、買いたい人が増えて、実際に買い注文の量も増えていく。したがって、それを契機に相場が反転、上昇に向かう可能性も高くなる。どこかで買いたいと思っていた人にとっては絶好の場所となるわけだ。

このように参加者の多くが気にする場所、それがテクニカルポイントである。

トレンドライン
TREND LINE
相場の流れをつかむ必須アイテム

第4章 テクニカル分析 ■トレンドライン

テクニカル分析 LESSON 1

チャート上に線を1本引いてみる

いちばん簡単なテクニカル分析が、トレンドラインを用いた分析手法だろう。

トレンドとは、相場が上昇局面にあるのか、下降局面にあるのか、為替相場が向いている方向のことをいう。売買を行なう際には、まずこのトレンドを見極めることが重要だ。

具体的に上昇トレンドの場合を例にして見ていこう。ローソク足などのチャート上に、安値と安値を探して、1本の直線を引いてみる。この線がトレンドラインで、右肩上がりであれば上昇トレンドを意味し、サポートライン（下値支持線）という。線を1本引いていただけで、相場の方向がわかるだけでなく、絶好の買いのタイミングをつかむことができるのだ。

特にサポートラインは、重要な買いのポイントとして使える場合が多い。たとえば、為替レートがライン近辺まで下落しても、このサポートラインの付近が下値の目安になるため、ロング（買い）ポジションを持つ仕掛けどころとなる。

さらに、このサポートラインに対してほぼ平行に、できればその通るラインが上に一点でも高値が通る線を引いてみよう。このラインは上昇トレンドでの上値の目安になる。また、この2本の線に囲まれた地帯を、現在の相場の値幅レンジであると仮定することができ

【上昇トレンドライン】

上値の目安となるライン

サポートライン（下値支持線）
安値と安値を1本の線で結び、右上がりの上昇を示す。安値圏の目安となり、買いのタイミングを計ることができる

【下降トレンドライン】

レジスタンスライン（上値抵抗線）
高値と高値を1本の線で結び、右下がりの下降を示す。高値圏の目安となり、売りのタイミングを計ることができる

下値の目安となるライン

る。上昇トレンドの時は、このゾーンでの取引を繰り返しながら、相場が上昇していく場合が多い。

今度は逆に、チャート上の高値と高値を結んでみよう。それが右に下がるラインとなる場合には、下降トレンドを描くレジスタンスライン（上値抵抗線）となる。このレジスタンスラインが下降トレンドのなかでの上値のめどになるため、売りのポイントになりようにこのレジスタンスラインに対して、ほぼ平行に安値を通るラインで下降トレンドのレンジを形成する。

トレンドラインは、どのくらいの時間軸で見るかによって、そのありようも変わっていくものだ。トレンドラインを引くには日足のチャートを用いるのが一般的だが、デイトレードのような短期の売買のためには、15分足

【トレンドの転換点】

過去のドル円チャート。ライン【A】の下降トレンドラインを抜いてきた【X】地点から相場がはっきりと転換している。逆にライン【B】の上昇トレンドラインを割り込んだ【Y】地点から急落が始まっている

などが最適だろう。またラインを引く際には、最安値、最高値となる2点にこだわる必要はない。何点かが同一ライン上にくる線があれば、そちらのほうがより重要度を増すことを覚えておこう。

ブレイク
～トレンドが崩れる時～

トレンドとなるサポートラインやレジスタンスラインの内側では、このラインを超えないようにする内向きの力が働く。したがって、サポートライン（安値）に近づくほど、買いの圧力が強くなり、逆にレジスタンスライン（高値）に近づくほど、売りの圧力が強くなっていく。このため結果として、このレンジ内で相場が動くことが多くなる。その状態が長く続けば続くほど、それだけ強いトレンドといえる。

しかし、どんなトレンドも、必ずそのトレンドラインを突き抜けていく、つまりあるレンジをブレイクする場面が訪れる。

それまではトレンドラインのなかのレンジに収まろうとして、内向きの力が働き、そのトレンドライン付近で、たくさんの売買が繰り返されてきたと考えられる。サポートラインの付近で安値圏だと思って買った投資家にとって、サポートラインが下に抜けたことで、今度その付近まで戻ってくると、そこは少ない損で逃げるための売り場となる。いったんこのよ

うな売りが大量に発生した場合、一度ブレイクを起こして下に抜けてしまうと、サポートラインは上値のレジスタンスラインに変わってしまう。同様にレジスタンスラインのブレイクでは、その逆のことが起こる。

つまり、一度ブレイクすると今までとは逆の力が働き、サポートラインがレジスタンスに、レジスタンスライン

【ブレイクポイント】

相場が下降トレンド（レジスタンスライン）に近づくと内向きの力（売り）圧力が増し、相場が下がる（①、②）。しかし、一度ブレイクすると一気に買いの圧力が相場を押し上げる（③）

第4章 テクニカル分析 ■ トレンドライン・移動平均

をつかみ、またそのトレンドに変わる。したがってトレンドの近くでは逆張りで臨み、反対にブレイク直後では、順張りでついていくほうがよいということになる。このようにトレンドの方向をつかみ、またそのトレンドの方向が変わる時を見つけて売買のタイミングを計るというのが、テクニカル分析の基本である。

左にはトレンドラインを利用して、保合い（上囲み参照）の状態から離れるポイント、また、最安値から上昇に転じたポイントが底だ。いろいろなチャートを見比べてパターンを研究してほしい。

るポイントのことであり、逆に、最安値から上昇に転じたポイントが底だ。いろいろなチャートを見比べてパターンを研究してほしい。

【保合いのトレンドブレイク】

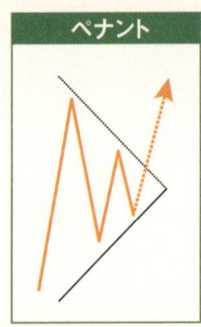

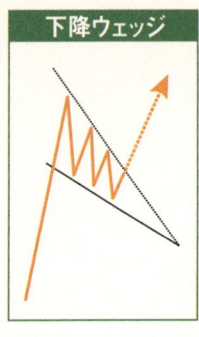

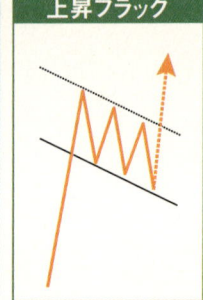

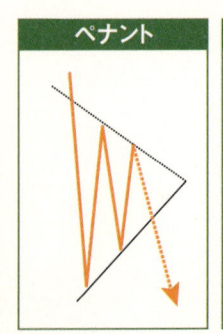

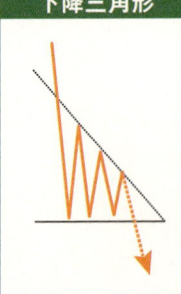

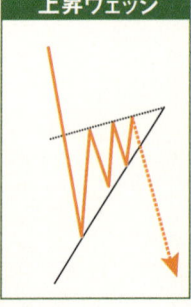

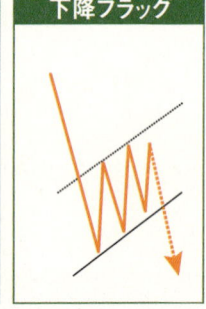

| ペナント | 上昇三角形 | 下降ウェッジ | 上昇フラッグ |
| ペナント | 下降三角形 | 上昇ウェッジ | 下降フラッグ |

相場ではサポートラインとレジスタンスラインに挟まれた値動きを一定期間繰り返すことがある。この値動きを「保合い」という。この保合いが続いたあとは、上昇か下降に放れるパターンが多く、相場の大きな転換点と見られている。上図は保合い放れの典型例

【天底のトレンドブレイク】

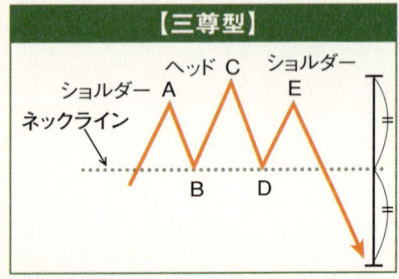

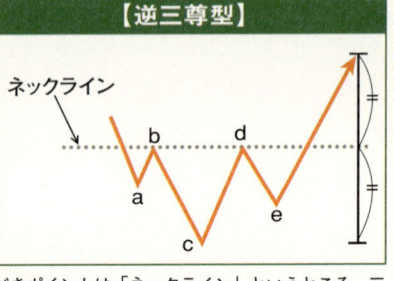

【三尊型】
ショルダー　ヘッドC　ショルダー
　　　　　A　　　　　E
ネックライン
　　　　　B　　D

【逆三尊型】
ネックライン
　　　b　　d
　　a　　　　e
　　　　c

天井や大底に出るブレイクパターンの一例。注目すべきポイントは「ネックライン」というところ。三尊型天井の場合「ネックライン」から反転し、【C】の高値からネックラインまでの値幅【D】と同じ位の幅の下落が、ネックラインから始まる可能性があるといわれている。逆三尊型の場合はその逆

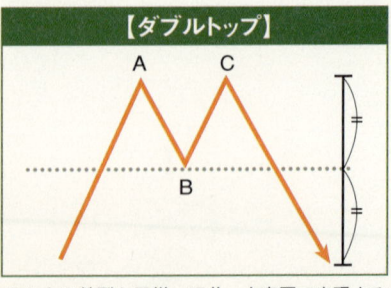

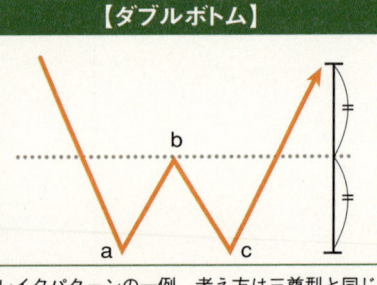

【ダブルトップ】
　　A　　C
　　　B

【ダブルボトム】
　　　b
　a　　　c

これも三尊型と同様、天井・大底圏で出現するブレイクパターンの一例。考え方は三尊型と同じ。【B】から引いた線がネックラインとなる。ダブルボトムの場合はその逆

第4章

移動平均
MOVING AVERAGE
市場の「平均コスト」が一目瞭然！

テクニカル分析 LESSON 2

市場の流れがわかるスグレモノ

いろいろあるテクニカル分析の基本となるのが、移動平均だ。移動平均は、いわば市場の平均コストともいえる。移動平均はある一定期間の終値の平均を取ったもので、それを線で結んだものが移動平均線となる。

たとえば5日移動平均といえば、5日間の終値の平均をとった点となり、その点を結んでいくと5日線が描ける。それをチャートと重ねて売買のポイントが予測できるようになる。つまり、移動平均とは一定期間内で、どのぐらい買われた（売られた）のかが把握できるものであり、それを結んだ移動平均線とは市場の買い（売り）の流れを視覚的に把握できるスグレモノのラインなのだ。

基本的に上昇トレンドの時には移動平均も右に上がっていく線となり、下降トレンドの時には移動平均も右に下がっていく。また、チャートに日足、週足、月足などがあるように、移動平均線もデータを集計する期間によって視覚化されるラインの質は異なる。

為替相場の世界では、日足の移動平均線が一般的。通常、5日、20日、90日、200日の移動平均線が重視されている。また移動平均線は短期と長期という2種類のラインを同時に見る。短期を5日、長期を20日という組み合わせや、短期を20日、長期を90日、短期を90日、長期を200日という組み合わせが一般的だ。

なぜ短期と長期の移動平均線を使用するかというと、短期ばかりだと相場の大きなトレンドを見失ってしまい、長期ばかりだと日々の短期的な売買のタイミングを見失う可能性があるためである。短期と長期の移動平均線を組み合わせることによって、一方の不足しているところを補いながら相場の流れをつかむことができる。

移動平均は前項で紹介したトレンドラインと同じように、上値や下値の目途を見極める場合に使用することもある。また移動平均とローソク足、つまりレートの値動きの関係

【移動平均線の例】

― 5日移動平均線（短期線）
― 20日移動平均線（長期線）

移動平均線は短期と長期を組み合わせて使用するのが一般的。短期と長期を組み合わせると相場の相対的な流れがつかめるのだ

USD/JPY日足 移動平均

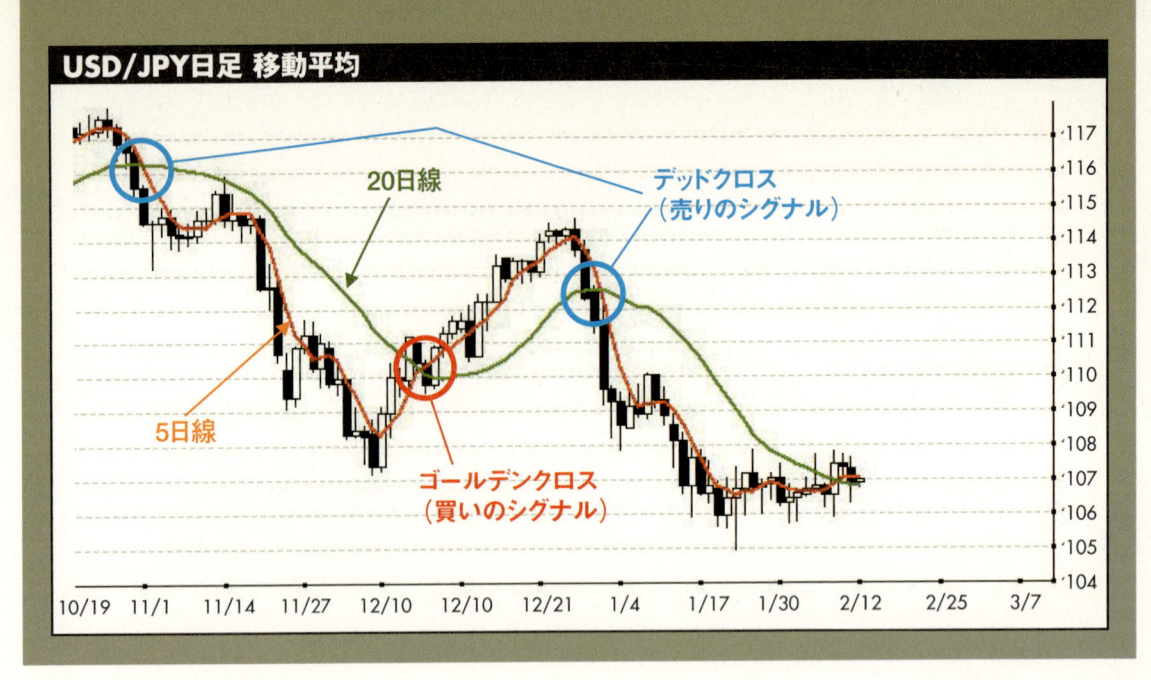

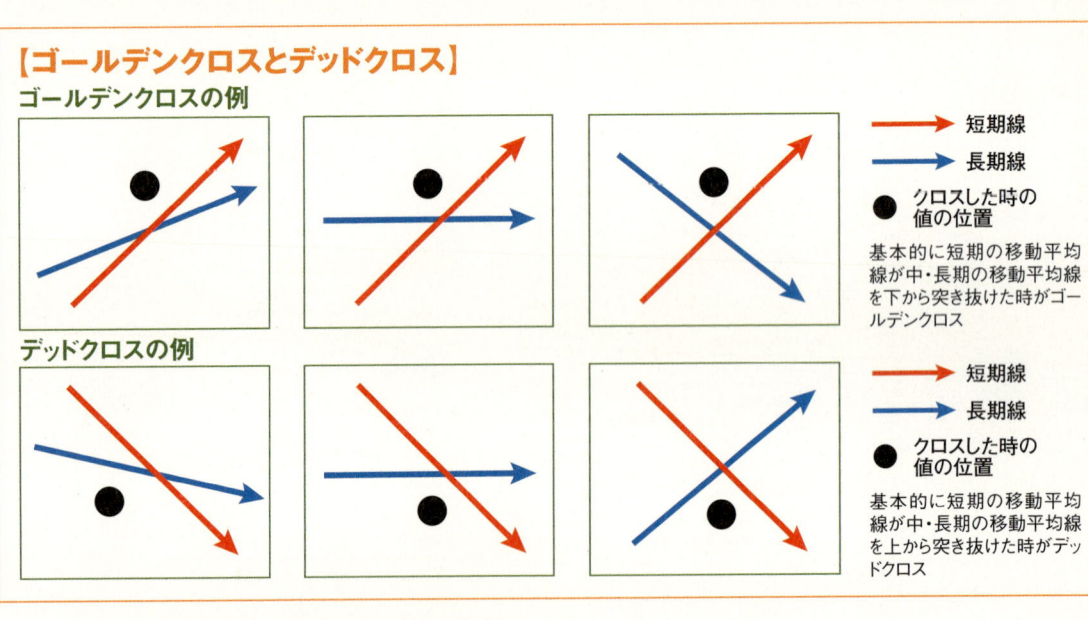

第4章 テクニカル分析 ■ 移動平均

USD/JPY日足 移動平均

- 20日線
- 5日線
- デッドクロス（売りのシグナル）
- ゴールデンクロス（買いのシグナル）

【ゴールデンクロスとデッドクロス】

ゴールデンクロスの例

→ 短期線
→ 長期線
● クロスした時の値の位置

基本的に短期の移動平均線が中・長期の移動平均線を下から突き抜けた時がゴールデンクロス

デッドクロスの例

→ 短期線
→ 長期線
● クロスした時の値の位置

基本的に短期の移動平均線が中・長期の移動平均線を上から突き抜けた時がデッドクロス

移動平均線がクロスする時

移動平均の代表的な見方として、短期の移動平均線と長期の移動平均線が交差（クロス）する時を相場の転換ポイントとするというものがある。

たとえば5日移動平均と20日移動平均で、短期線（5日移動平均）が長期線（20日移動平均）を下から上に抜いていく場合をゴールデンクロ

スとし、相場の状態をつかむ分析方法も有効だ。たとえば、移動平均線の上にローソク足がある場合は上昇相場、逆に下にある場合は下降相場という場合が多い。さらに、移動平均線とローソク足の乖離が大きい場合は、天井もしくは底が近いと考えることもある。

移動平均線は単独で使用するのではなく、短期と長期を組み合わせたり、移動平均線とローソク足を組み合わせて使用するとその効果が最大に発揮される。

072

【移動平均線と値動きで売買シグナルを読む】

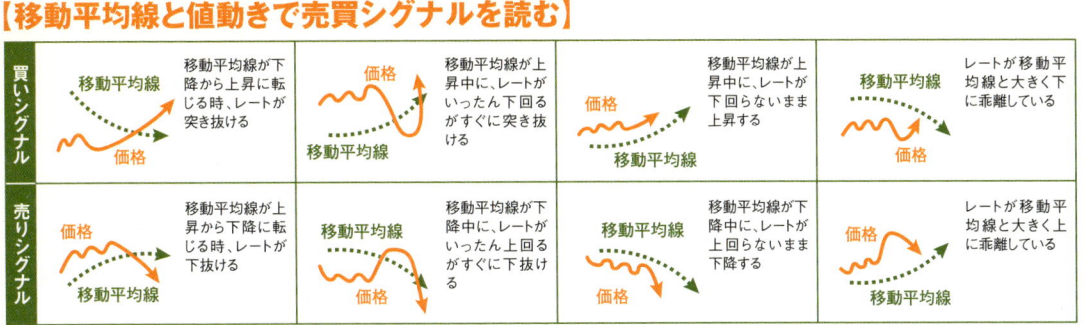

買いシグナル	移動平均線／価格	移動平均線が下降から上昇に転じる時、レートが突き抜ける	価格／移動平均線	移動平均線が上昇中に、レートがいったん下回るがすぐに突き抜ける	価格／移動平均線	移動平均線が上昇中に、レートが下回らないまま上昇する	移動平均線／価格	レートが移動平均線と大きく下に乖離している
売りシグナル	価格／移動平均線	移動平均線が上昇から下降に転じる時、レートが下抜ける	移動平均線／価格	移動平均線が下降中に、レートがいったん上回るがすぐに下抜ける	移動平均線／価格	移動平均線が下降中に、レートが上回らないまま下降する	価格／移動平均線	レートが移動平均線と大きく上に乖離している

という。このゴールデンクロスは、強力な買いのシグナルとされている。

反対に短期線（5日移動平均）が長期線（20日移動平均）を上から下に抜けた場合、つまりゴールデンクロスと逆の現象をデッドクロスという。これは売りのシグナルとされている。

ただし、移動平均線がクロスすることは事前からある程度の予想がついてしまう。また「ダマシ」も多いので注意したい。特に短期的な売買をする際には買い方向には向いていない場合もあり、必ずしもセオリーどおりにいかないこともある。ゴールデンクロスやデッドクロスは、他のテクニカル分析手法と併用し、ひとつの判断材料としたい。

移動平均と値動きで売買シグナルを予測

その他、移動平均を使用した買い（売り）のシグナルを紹介しておこう。

移動平均線がクロスする時だけでなく、現在の相場が横ばいもしくは上向きかけている状態で、現在の相場が移動平均線を上に抜いてきた場合には買いのシグナルとされる。逆に買いのシグナルを上に抜いた後に、長い期間上昇を続けた相場が長い横ばいもしくは下向きかけている状態で、相場が移動平均線を下に抜いてきた場合には、売りのシグナルとされる。

また、上昇している移動平均線に向かって、相場が下降をしたものの、移動平均線を割ることなく上昇に転じた場合は買いのシグナル。下降している移動平均線に向かって上昇したものの、上に抜けることなく下落した場合には売りのシグナルとされている。

このように移動平均線と値動きの相関関係から買い（売り）シグナルを予測する方法もある。テクニカル分析の入門として、まずはこの移動平均をしっかり身につけてほしい。

【問題】
左のチャートで、買いのシグナルと思われるポイントには○を、売りのシグナルと思われるポイントには×をつけなさい。

【解答・解説】
ロング（買い）ポジションにするシグナルは、短期移動平均線が長期移動平均線を下から抜いてきた時、ゴールデンクロスのポイント。ショート（売り）ポジションにするシグナルは、短期移動平均線が長期移動平均線を上から下に抜いた時、デッドクロスのポイント。

一目均衡表

「雲」の状態で売買のタイミングをつかむ！

テクニカル分析 LESSON 3

売買圧力を視覚化した表

一目均衡表と呼ばれるテクニカル分析手法は、日本人の一目山人（本名・細田吾一）が研究所を設立し、約200人のスタッフとともに7年かけて完成させたといわれるものだ。これまで紹介したテクニカル分析に比べると、やや複雑に見えるかもしれないが、その仕組みを理解できれば利用法は簡単。ぜひ習得してほしいテクニカル分析手法のひとつだ。

一目均衡表は、ローソク足のチャートとあわせて使用される。チャート上に「転換線」「基準線」「遅行線」「先行スパンA」「先行スパンB」という補助線を引いていくことで一目均衡表が作られていく。

一目均衡表をひと言で表現すると、「買い圧力と売り圧力のバランスを図る表」という ことができるだろう。通常の相場では、買いと売りの圧力

が拮抗し、微妙なバランスを保ちながら推移している。しかし、そのバランスはきれいに半々というわけではない。一方の圧力が強くなれば、それを押し戻そうとして、もう一方の圧力が働く。このようにして相場は微妙なバランスを保っているのだ。この売買のバランス（均衡）を視覚的に図表化したものが一目均衡表である。

この一目均衡表を見ると、現在の売買圧力の状態や相場の流れがある程度、予測できるようになる。

一目均衡表の作り方

では、具体的に一目均衡表を構成する「線」について解説していこう。

「転換線」は過去9日間の高値と安値の平均値、「基準線」は過去26日間の高値と安値の平均値、「遅行線」は当日の終値を26日前にさかのぼって記入した線である。この3本の

線が一目均衡表の基準となる線なので、しっかりと覚えておこう。

その線が引けたなら、次に「先行スパンA」と「先行スパンB」という線を引く。

「先行スパンA」は「転換線」と「基準線」の平均値を26日先に記入した線、「先行スパンB」は過去52日間の高値と安値の平均値を26日先に記入した線だ。そして「先行スパンA」と「先行スパンB」にはさまれた地帯を「先行スパンA」が上にある場合と「先行スパンB」が上にある場合とに色分けして、「雲」とよばれる部分をつくる。

解説を読むとややこしく感じるかもしれないが、FXプライムなどの取引会社のサイトでは、各通貨ペアの一目均衡表が見られるチャート分析ツールが用意されているので、そちらを利用すればよい。ただ、一目均衡表が何を分析するのに必要なのか、その原理を知っておくことは必要だろ

値動きよりも時間を重視する

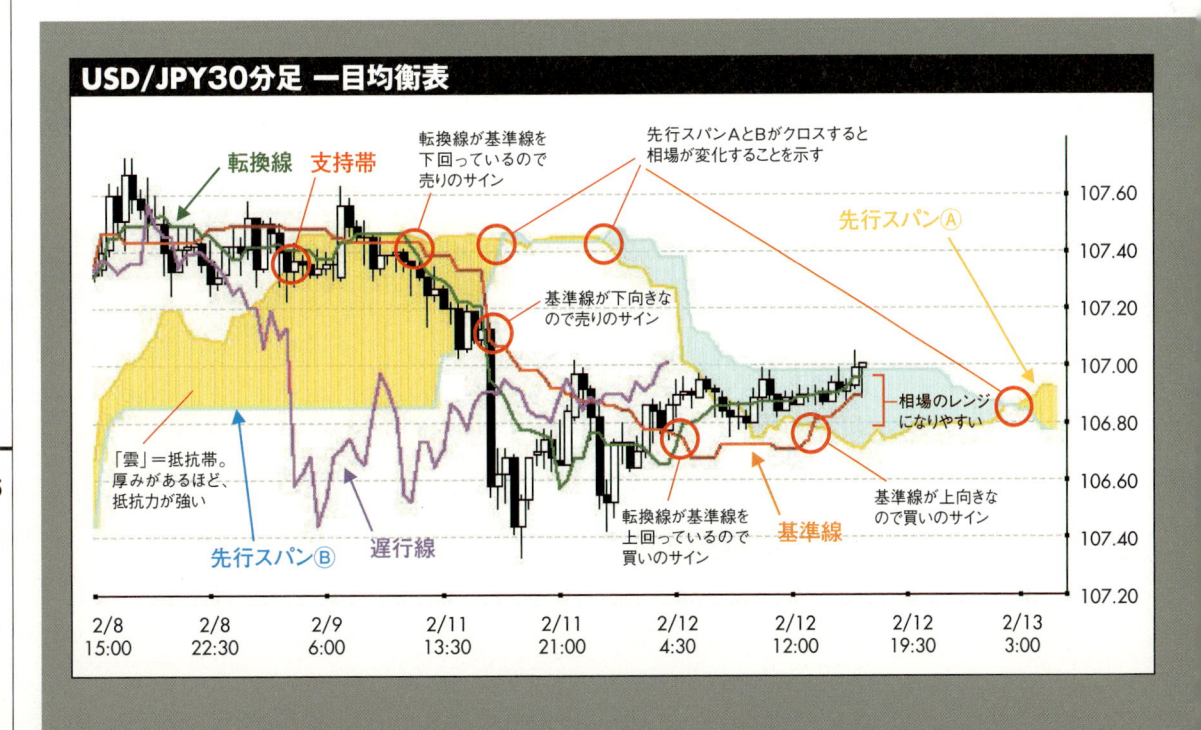

ば売りのシグナルとなるといわれている。

さらに一目均衡表の最大の特徴である「雲」に注目してみよう。この「雲」は、別名で抵抗帯ともいわれ、相場（値動き）が「雲」よりも下にあれば、この「雲」が上値のめどとなる。逆に「雲」よりも下にあれば、この「雲」が相場よりも下にあれば、この「雲」が下値のめどになる。これは支持帯ともいわれている。

また、この「雲」の部分が太く厚い場合には、より抵抗力があるとされ、「雲」の部分が細く薄い場合には抵抗力が弱いとされている。相場が「雲」のなかに入ってしまった場合には、「雲」そのものが相場のレンジとして見られる。

ローソク足との関係で見ると、「遅行線」と26日前のローソク足の日足を比べて、遅行線のほうが高い場所にあれば「買いの時代」、逆に低い場所にあれば「売りの時代」とされている。

一目均衡表において大切なポイントは、「遅行線」がローソク足から26日遅れているということ。その他の「転換線」「基準線」「先行スパンA」「先行スパンB」はトレンドラインのようなサポートライン、レジスタンスラインになり得ると考えていいだろう。どのラインがトレンドラインの役割になるか、ローソク足の位置によって変化するが、一目均衡表を初めて見たという人は、おおまかにそのように覚えておけばよい。

一目均衡表の代表的な見方としては、まず「転換線」と「基準線」の関係を見る。「転換線」が「基準線」を上回っていれば、買いのシグナルとなり、逆に下回っていれば、売りのシグナルとなる。また「基準線」が上向けば、買いのシグナルとなり、逆に下向けば、売りのシグナルとなる。

最後に遅行線について説明

USD/JPY30分足 一目均衡表

- 転換線
- 支持帯
- 転換線が基準線を下回っているので売りのサイン
- 先行スパンAとBがクロスすると相場が変化することを示す
- 先行スパンⒶ
- 基準線が下向きなので売りのサイン
- 相場のレンジになりやすい
- 「雲」＝抵抗帯。厚みがあるほど、抵抗力が強い
- 先行スパンⒷ
- 遅行線
- 転換線が基準線を上回っているので買いのサイン
- 基準線
- 基準線が上向きなので買いのサイン

075
これからはじめる人のためのFX練習帳

第4章 テクニカル分析 ■ 一目均衡表・ボリンジャーバンド

しておきたい。一目均衡表とチャートを見ればわかるように、遅行線はローソク足から26日前に位置している。遅行線もローソク足との関係性で見るものだが、遅行線は他の線と異なり、ローソク足自身をサポートライン、レジスタンスラインとして利用する。

たとえば、遅行線がローソク足を下抜けたとしよう。この時は下落の力が強くなっていると判断し、逆に遅行線がローソク足を上抜けると上昇の力が強くなっていると判断する。遅行線は過去26日の終値を記録した線にすぎないが、ローソク足を利用することで、相場の転換点を見極める大きな武器となる。

一目均衡表の基本的な考え方は、値動きよりも時間を重視しており、買いと売りの均衡が崩れた時に、その崩れた方向へ動くというもの。使い方に慣れると非常に便利なテクニカルツールなので、ぜひ勉強してほしい。

【問題】
左のチャートは、高値圏で揉み合った後に陰線を引いていて、相場は下落するようにも見える。下値のめどとしていくらあたりを想定しておけばよいか？

GBP/JPY日足 一目均衡表

【解答】
230円付近

【解説】
先行スパンAとBで作られた「雲（支持帯）」が相場よりも下にあるため下値のめどとして使える。まずは235円の「雲」の上限のあたりが目途になるのだが、これを割れた場合でも比較的厚い「雲」なので、下限にあたる230円と読む。

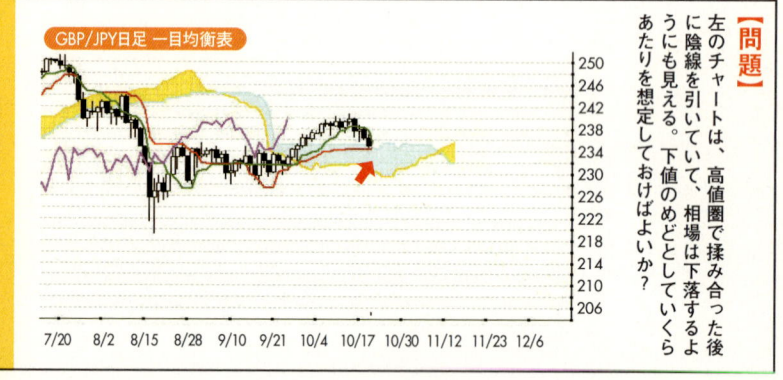

チャートツールを使いこなそう！①

FX取引会社では口座を開設すると、さまざまなテクニカル分析のためのチャートツールを使用できるようになる。ここでは、FXプライムのチャートツール「チャートナビRT」を例に挙げながら、どのようなことができるのか紹介していこう。

「チャートナビRT」のトップ画面

ログイン後、トップ画面もしくは口座照会画面の上部にある「為替情報」をクリックすると、為替情報画面に移動するので、「チャートナビRT」を選択。さらに、チェックしたい通貨ペアを選ぶ。

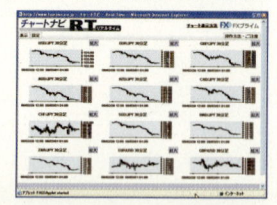

2画面分割表示

上下または左右に画面を分割し、同時にふたつのチャートを表示することができる。EUR／JPYとEUR／USDなどの値動きを比較したい時に便利だ。

通貨ペアの基本画面

❶通貨ペアの選択
FXプライムで取引できる12通貨ペアすべてのチャートを見ることができる

❷時間足の選択
ティックから月足までの10種類

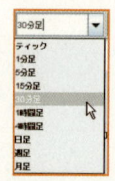

❸「ローソク足／折れ線」の選択

❹チャート分析の選択
移動平均線や一目均衡表などのテクニカル分析が利用可能

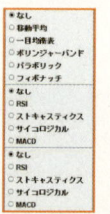

ボリンジャーバンド
BOLLINGER BANDS
統計学を駆使して相場反転局面を予測する！

第4章　テクニカル分析 LESSON 4

5本の線で相場反転期を読む

ボリンジャーバンドは正規分布という統計学を使ったアプローチで、相場の反転や「保合い放れ」を判断するのに使われている。米国のジョン・ボリンジャーが開発した分析手法で、価格が移動平均線の周りに正規分布しているという仮定のもとで、価格の分析に「標準偏差」という統計学の概念を盛り込んだものである。ただし、ボリンジャーバンドはあくまでも統計学に基づいた分析手法。突発的なアクシデントによる乱高下などには対応できないこともあるので、注意が必要だろう。

ボリンジャーバンドは、ローソク足などの値動きを表すチャートと合わせて使うのが一般的だ。21日移動平均線を中心に、上下に1標準偏差、2標準偏差している線を引く。つまり、21日移動平均の中心線と上に2本、下に2本の合計5本の線ができる。

標準偏差とは、「価格はこの範囲内で動く可能性が強い」という考えに基づいて導かれた範囲だ。この範囲を「標準偏差バンド」と呼ぶ。1標準偏差の上下間、2標準偏差の上下間が標準偏差バンドであり、このバンド内で為替レートが動いている場合が多い。

ボリンジャーバンドの基本的な見方としては、21日移動平均線付近にローソク足があれば相場は安定している、標準偏差に近づくと相場に何かしらの変化が起きはじめているということなのである。

順張り戦法も有効

ボリンジャーバンドの考え方としては、1標準偏差の間で為替レートが推移する確率が63.8％、2標準偏差の間で為替レートが推移する確率が95.5％であるというもの。2標準偏差内で推移する確率が95.5％であるとすれば、そのバンドの上限に近づいてくれば売り、バンドの下限に近づいてくれば買いとなるのが基本的な考え方となる。しかし、ボリンジャーバンドは逆張りよりも、順張りをする

[ボリンジャーバンドを構成する5本の線]

21日移動平均線	21日間の終値の平均
1標準偏差（上）	63.8％の確率で価格の上値となる
1標準偏差（下）	63.8％の確率で価格の下値となる
2標準偏差（上）	95.5％の確率で価格の上値となる
2標準偏差（下）	95.5％の確率で価格の下値となる
1標準偏差バンド	価格は63.8％の確率でこの範囲内で推移する
2標準偏差バンド	価格は95.5％の確率でこの範囲内で推移する

第4章 テクニカル分析 ■ボリンジャーバンド

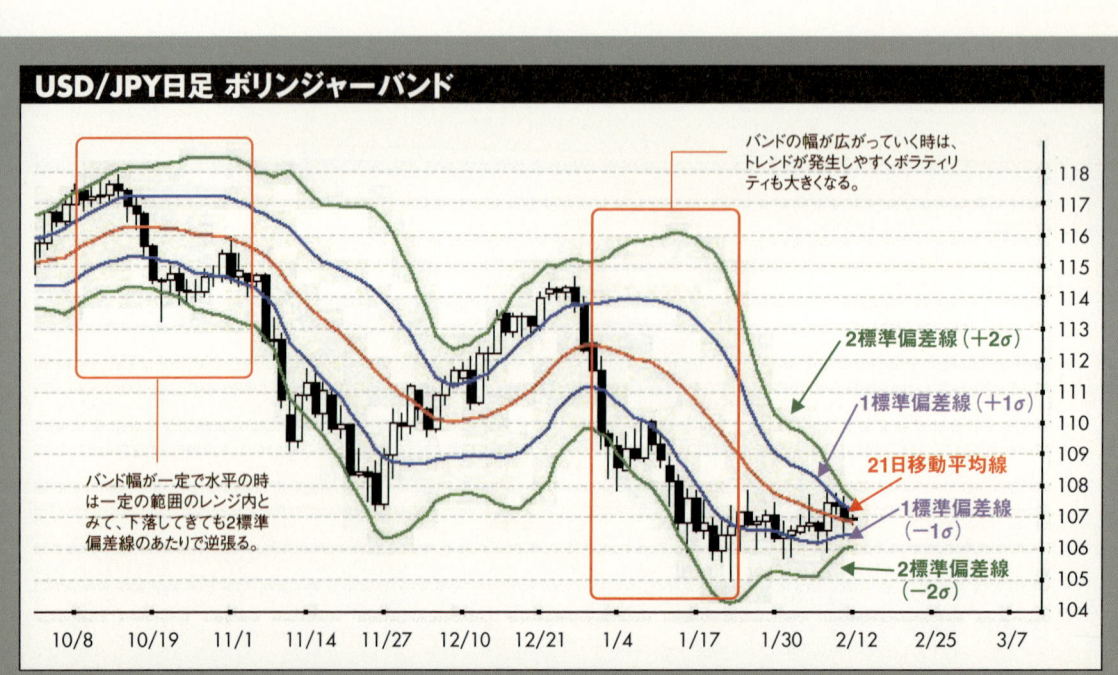

のポイントといえるだろう。その後、価格がどの方向に動くのか、それはローソク足と基準となる21日移動平均線の位置などを見極めながら判断したい。

また、1標準偏差と2標準偏差の線の距離が離れていて、全体のバンドの幅が広くなっている場所がある。それは、1標準偏差と2標準偏差の線の幅が大きいということになり、変動率(ボラティリティ)も大きい。逆に1標準偏差と2標準偏差の線の距離が狭くて、全体のバンドの幅が小さい場合には、それだけ値幅のレンジが小さくなり、変動率は小さくなる。

狭いバンドが大きく広がる時は、変動率が高まることになるので、上昇もしくは下降トレンドがはっきりと現われる時だとされている。この場合にはそのトレンドにしたがっていくことが有効なことが多い。

たとえば、バンドの幅が拡大傾向にあるとしよう。拡大

際に使われることが多い。たとえば確率的には63・8％に収まるはずの1標準偏差を離れてくるとすれば、相場では何か違うことが起こっているということになる。この場合、積極的に順張りでバンドから離れる方向についていくというアクションをとるのだ。

1標準偏差の線を超えて、為替レートが上昇もしくは下落した場合には、2標準偏差までのレンジの動きとなるとみて、2標準偏差の位置まで順張りでついていくというアクションをとる。まさに順張りのスタンスで、このボリンジャーバンドが使える。

このように逆張り、順張りいずれの投資スタイルでボリンジャーバンドを使用するにせよ、1標準偏差と2標準偏差、為替レートの関係を、どう読みこなすかが肝心となる。逆張りの場合は価格が2標準偏差を抜けそうな場面が、順張りの場合は価格が1標準偏差を抜けそうな場面が、判断

USD/JPY日足 ボリンジャーバンド

バンドの幅が広がっていく時は、トレンドが発生しやすくボラティリティも大きくなる。

バンド幅が一定で水平の時は一定の範囲のレンジ内とみて、下落してきても2標準偏差線のあたりで逆張る。

2標準偏差線(＋2σ)
1標準偏差線(＋1σ)
21日移動平均線
1標準偏差線(－1σ)
2標準偏差線(－2σ)

傾向にあるということは、値動きの変動率が大きいことを示している。こんな時、下の2標準偏差に近づいているからといって（トレンド転換点と見て）、安易な「買い」は危険なこともある。前述したように、変動率が高まる時は、上昇・下降トレンドがはっきり現われる時。ボリンジャーバンドが拡大傾向に入った時は、トレンド出現の可能性も大きいので、チャートをよく見て判断しよう。

ボリンジャーバンドは、あくまでも統計的なテクニカル分析手法だ。「標準偏差バンド内で価格は推移するだろう」という観点から示されているものなのである。したがって、短期的に乱高下する可能性がある通貨ペアかもしれない。しかし比較的、安定感のある通貨ペアなどには、有効な判断材料となる。自分の投資する通貨ペアと投資スタイルに合わせて利用してほしい。

【問題】
左図を見ると、ボリンジャーバンドの2標準偏差の線のあたりにある94円付近を大きく下に抜けてきた。またバンドの幅もこのところ広がっているようだ。翌日はどういうアクションを取ればよいか？

【解答】
売りポジションをとる

【解説】
通常であれば95.5%の確率で収まるはずのレンジを抜けてきているということは、バンド幅が広がり、形も傾いている局面でもあるため蛮勇を奮って順張りでついていくことになる。もちろんダマシもあるので注意が必要だ。

GDP/JPY日足 ボリンジャーバンド

チャートツールを使いこなそう！②

ここでは、具体的なテクニカル分析での利用方法を見ていこう。

トレンドラインを引く
マウスで任意の起点から終点までドラッグするとラインを引くことができる

期間の変更
Aでチャートの期間を縮尺、Bでチャートの期間を移動

テクニカル分析の一例
「分析」ボタンをクリックして、表示されたテクニカル分析のなかから希望するものを選択し、クリックするとチャート上に表示される

十字線の表示
➡部分をクリックすると、十字線をチャート上に表示できる。レートやチェックポイントの確認に便利だ。

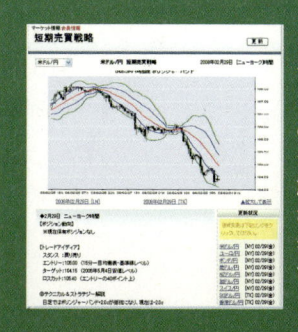

サブチャートの表示
RSI、ストキャスティクスなどをサブチャートで表示

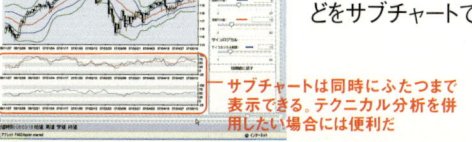

サブチャートは同時にふたつまで表示できる。テクニカル分析を併用したい場合には便利だ

「為替情報」の「マーケット情報」には「短期売買戦略」として、テクニカル分析による戦略が解説とともに掲載されている。非常に参考になるので、ぜひ活用してみよう。

パラボリック PARABOLIC

「逆ポジション」投資に絶大な効力を発揮する！

テクニカル分析 LESSON 5

第4章 テクニカル分析 ■ パラボリック・フィボナッチ

売買ポイントを知らせるSARとは？

パラボリックは「放物線状の」という意味で、トレンドフォロー型（順張り型）の状態から、トレンドが反転するポイントを見つけて、反転した方向についていくというものである。

具体的に説明しよう。上昇を仮定して高値で作ったSAR（＝買いのパラボリック）を結んだ線をローソク足に記入していく。このパラボリックな（放射線状の）線がローソク足に接触すると、ここが反転の合図となり、売るポイントになる。

逆に下落を仮定して安値でつくったSAR（＝売りのパラボリック）がローソク足に接触すると、ここが買いのポイントになる。

しかし、パラボリックは保合い相場の場合、すぐに反転のサインが出てしまう。このテクニカル分析が最も力を発揮する場面は、値動きが、大相場といわれるような大きな動きを演じる時であるといわれている。

値、当日の高値と安値を定められた計算式に入れて算出する。上昇相場であれば、ある一定期間の高値、下落相場であれば、ある一定期間の安値を用いる。

投資のセオリーとしては、反転したポイントでポジションをクローズして、新たに売りポジションを取るという手法でつねに逆のポジションを繰り返していく投資スタイルなのである。

つまり、買いポジションをクローズしたくなるところだろう。しかしこのパラボリックを利用して、逆のポジションをとることを繰り返して利ザヤを狙うのだ。

パラボリックで大切なのがSAR（ストップ・アンド・リバース）と呼ばれる売買ポイント。

SARは、以前の高値と安

パラボリックを利用する時の注意点として、保合い相場には弱いということを覚えておきたい。左のチャートのAとBでは、それぞれ売りと買いのポイントになっているが、相場は逆に動いている。

USD/JPY日足 パラボリック

第4章 テクニカル分析 LESSON 6

フィボナッチ FIBONACCI

黄金分割を利用して「戻り」「押し目」を計る！

数字の魔力が相場の局面を読む

フィボナッチは、13世紀のイタリアの数学者が考えたもので、ピラミッド建築などにもあてはまる数列だ。そして、これをテクニカル分析に応用したものである。考え方の基本は、「1・1・2・3・5・8・13……」というように、直前の和が次の値になるというもの。

さらにこの数列は、どの数もその上位の数に対して0・618倍、どの数も下位の数に対して1・618倍、どの数もふたつ上位の数に対して0・382倍に近づいていくという特徴を持つ。これだけのことだが、不思議と相場の節目に当てはまったりする。フィボナッチは、「黄金分割」とも呼ばれ、この倍率がテクニカル分析では重要になる。

フィボナッチとは、この数列と倍数を使って、相場の日数にあてはめて日柄をみたり、値幅に当てはめてレートを、戻りや押し目の目安にするのだ。

たとえば、ある一定期間の高値Aと安値Bまでを、この比率に基づいて、いくつかのレンジに分割する。その為替レートを、戻りや押し目の目安にするのだ。

為替相場では、その他に、38・2%、半値（50％）戻しの他に、38・2%、61・8%でみることがポピュラーだ。トレンドが出てきた相場でも、いったん値が戻ったり、押し目が出現する場合がある。そのめどを計る時にフィボナッチが使えることがある。為替相場の前日のレンジなどに当てはめて、相場戻りや押し目をみるという方法なのだ。試しに、チャート上に基準日を設定し、それから5日後、8日後、13日後、21日後と、フィボナッチ数列をあてはめてみてほしい。意外にフィボナッチ数列が示す日に相場の流れが変わることが多いのがわかるだろう。これはフィボナッチ数列を時間軸に利用した例だ。

次に値幅軸で利用した場合だ。

USD/JPY日足 フィボナッチ比率

Ⓐ高値 / Ⓑ安値 / 61.8% / 38.2% / 半値（50％）戻し

※それぞれのラインで抵抗が働いているのがわかる。

フィボナッチ・時間軸での使用例

※相場の流れが変わったり、天底を打ったり、不思議とフィボナッチ数列とマッチすることがある。

基準日 / 5日後 / 8日後 / 13日後 / 21日後

RELATIVE STRENGTH INDEX

相場の過熱感を敏感につかむ！

RSI

テクニカル分析 LESSON 7

30％は売られ過ぎ 70％が買われ過ぎ

RSIは日本では「相対力指数」と呼ばれ、「相場の買われ過ぎ」や「売られ過ぎ」を見るテクニカル指標といわれている。ちなみに、前項で紹介したボリンジャーバンドやこのRSIはオシレーター系指標と呼ばれる。オシレーターとは「振り子」のことで、元の位置に戻ろうとする原理を表している。

RSIは、ある一定期間を対象に前日に比べて高かったか、安かったかを基本にして、その値幅も加味して計算される。この数字が100％に近くなれば買われ過ぎていることを示し、0％に近くなれば売られ過ぎていることを示す。

その大まかな目安として、70％以上を買われ過ぎ、30％以下を売られ過ぎと判断すべきであるとされる。

一般的には相場が上がればRSIの数値も大きくなるので「売り」、下がればRSIも小さくなるので「買い」というように、逆張りを仕掛ける時に使われる。しかし、トレンドが長く続く場合などには100％に近い数字でずっと張りついているということもあるので、注意が必要だ。

上昇トレンドの場合、70％から50％に下落したあたりを押し目の逆張りポイント、下降トレンドの場合には、30％から50％に上昇したあたりを戻り売りの逆張りポイントとして見る場合もある。

また、RSIが30％以下になっている時で、相場は下落しているにも関わらずRSIは上昇している場合は、相場の反転が近いことを示しているので、積極的に逆張りにするべきだとされている。同様に、RSI70％以上になっている時で、相場は上昇しているにもRSIは下落している場合も、相場反転のシグナルと見て逆張りが有効だとされている。

USD/JPY30分足 RSI

買われ過ぎ
RSI
70%
30%
売られ過ぎ

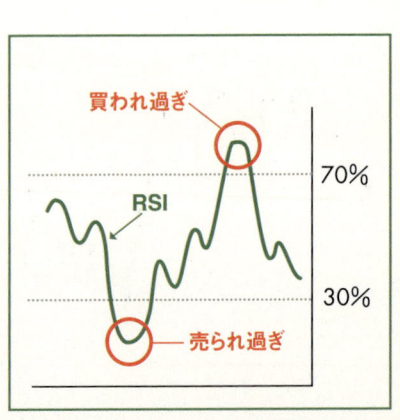

082　これからはじめる人のためのFX練習帳

第4章 テクニカル分析 ■ RSI・ストキャスティクス

ストキャスティクス
STOCHASTIC OSCILLATOR
2本のラインから相場の状態を見るオシレーター系指標！

第4章 テクニカル分析 LESSON 8

「%D」の動きを見逃すな

ストキャスティクスは価格の変化率から、相場の買われ過ぎや売られ過ぎを見るテクニカル分析だ。これもボリンジャーバンドやRSIと同様、オシレーター系指標と呼ばれており、分析手法はRSIと似ているといってよい。

ストキャスティクスの最大の特徴は、「%K」（Kライン）と「%D」（Dライン）というふたつのラインがあること。このふたつのラインの相関関係から売買するポイントを読み取る。

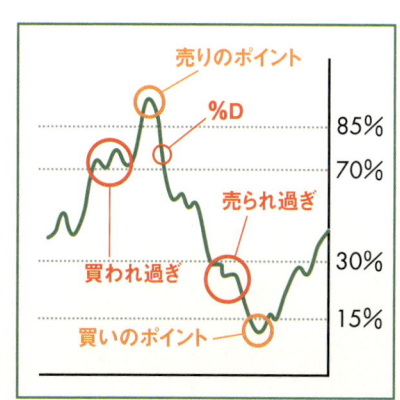

「%K」は過去5日間の終値のうち、直近の終値が相対的にどの水準にあるかを表している。「%D」は「%K」の数値を3日間で修正したもので、Kラインのほうが滑らかな線となり、KラインよりD遅行する。

分析にはDラインが重要で、Dラインが70％以上になれば買われ過ぎとなる。特に85％以上になったら、売りを仕掛けるポイント。同様に、Dラインが30％以下になれば売られ過ぎと判断され、15％以下になったら買いを仕掛けるのが有効とされている。

ストキャスティクスを活用してトレンドの転換点を計ることもできる。たとえば、%Kと%Dがともに、85％以上もしくは15％以下の位置にあり、ラインが交差する場合には、トレンド転換のサインとなる。

さらに、ストキャスティクスのトレンド転換サインとしてより信頼度が高いとされるのは、交差の回数が3回目になること。これが出現した時は、積極的に逆張りにすべきであるといわれている。

また%Dが70％以上で右下がりのダブルトップになった場合は弱気のサイン、30％以下で右上がりのダブルボトムになった場合には強気のシグナルとされている。

USD/JPY30分足 ストキャスティクス

売りのポイント
%D
85%
70%
売られ過ぎ
買われ過ぎ
30%
買いのポイント
15%

サイコロジカル
PSYCHOLOGICAL

投資家の複雑な心理を映す鏡のような指標！

第4章 テクニカル分析 ■ サイコロジカル・MACD

テクニカル分析 LESSON 9

計算方法は驚くほど単純！

サイコロジカルとは「心理的な」という意味で、市場心理を測って売買のポイントにするというもの。「投資家の心理を視覚化できるのか？」と不思議に思う人もいるかもしれない。たとえば、コインを10回投げて、すべてウラだったら、次はオモテかもしれないと予想するだろう。このような心理を利用したのが、サイコロジカルなのだ。

サイコロジカルは、RSIなどと同じように、相場の売られ過ぎや買われ過ぎをみるテクニカル分析である。しかし、いちばん簡単に計算できる指標でもある。相場の上昇や下落の変動率に関係なく、「一定期間の中で上昇（下落）した日数が何％となっているか」というものだ。

基本的な考え方は、コインのオモテとウラのように、相場の上昇と下落はいつまでも続くものではないというもの。上げ続けた、もしくは下げ続けた日数をある一定期間で割って計算する。この期間は12日間とするのが一般的。これを％に直して表すだけである。この計算で算出された点を結んだ線をサイコロジカル・ラインという。

サイコロジカル・ラインは、見方も単純で、25％以下は下げ過ぎなので今後の反発が見込まれると見る。逆に75％以上になれば上げ過ぎなので、今後反落する可能性が高いということになる。

したがって25％以下まで売られ過ぎた、もしくは75％まで買われ過ぎた場合には、逆張りを仕掛けるのが有効だ。サインが出にくい場合には、割る日数を変えて分析してもよい。また上げ下げの値幅も考慮に入れて計算するタイプのものもある。

計算が単純なだけに、意外と投資家に人気のあるテクニカル分析だ。

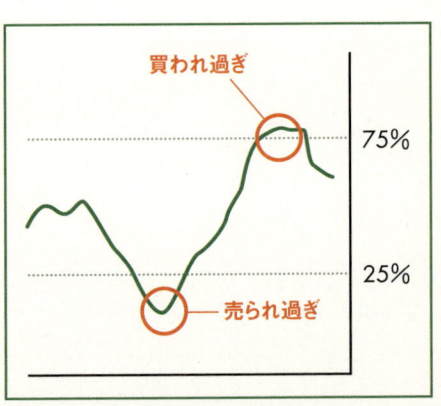

USD/JPY30分足 サイコロジカル

買われ過ぎ 75%
売られ過ぎ 25%

084 これからはじめる人のためのFX練習帳

MACD

MOVING AVERAGE CONVERGENCE and DIVERGENCE

移動平均線の動きに注目して売買ポイントを探る！

第4章

テクニカル分析 LESSON10

計算式は複雑だが使い方は実に簡単！

おこう。

基本的な見方としては、MACDがシグナルを下方から上に抜いた時が買いのサインとなり、逆に上方から下に抜ければ売りのサインとなる。

この見方は移動平均線の項で紹介したゴールデンクロスとデッドクロスの見方と、ほとんど同じといってよい。

この場合、MACDが短期移動平均線、シグナルを長期移動平均線と見れば理解しやすいだろう。

また、この指標ではゼロの目盛りが重要なポイントになる。

MACDがシグナルを上に抜いて、買いのシグナルが出た後、2本の線がゼロの目盛りを上回れば、買いのシグナルは本物と見なすことができる。その逆に、MACDがシグナルを下に抜いて売りシグナルが出た後、2本の線がゼロの目盛りの下にあれば、本格的な下げ基調とみてよいだろう。

MACDを算出する計算式は難解だが、指標の見方はRSIやストキャスティクスと似通ったところがあり、それほど複雑ではないので安心してほしい。

MACDは、2本の移動平均線の方向性、乖離、絡み具合に注目して売買のポイントを見つける。移動平均には単純な移動平均ではなく、指数平滑移動平均（EMA）と呼ばれるものが使われ、電卓を叩いてすぐに求めることはできない。とにかくこの2本の線は、1本が早く動く線（MACD）、もう1本が遅く動く線（シグナル）とだけ覚えておろう。

MACDもRSI、ストキャスティクス、サイコロジカルと同じように、価格変動により形成されるジグザグとした値動きを分析するオシレーター系のテクニカル分析である。

USD/JPY30分足 MACD

107.80 107.60 107.40 107.20 107.00 106.80 106.60 106.40 106.20 106.00

2/7 15:30 2/7 22:30 2/8 5:30 2/8 12:30 2/8 19:30 2/9 2:30 2/9 9:30

MACD
買い
シグナル

0.25 0.20 0.15 0.10 0.05 0.00 -0.05 -0.10

買いのサイン

MACD　シグナル

売りのサイン

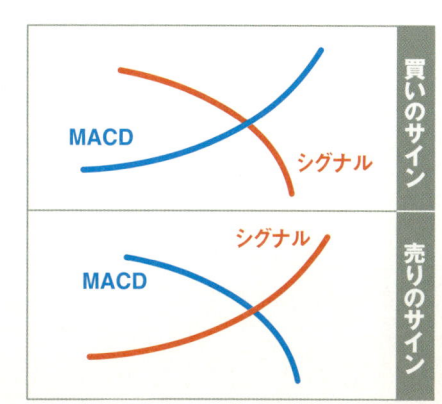

シグナル　MACD

FX投資模擬テスト
テクニカル分析に関する問題

/ **100**点

Question

問1　　　　　　　　　　　　　　4点

ドル円の大まかな1日の動きを記したものが下の値段である。日足のローソクをつくりなさい。

110.50円→110.70円→110.35円→112.00円→110.10円→110.50円→109.80円→110.00円

問2　　　　　　　　　　　　　　4点

前問1の翌日、現在の値段が110.30円であったとする。そこから112.00円に近づいた時の圧力は一般的に売りか買いか？　[　　　]

問3　　　　　　　　　　　　　　4点

①～③のうち、説明として誤っているものを選びなさい。

①相場が最も高くなっているポイントのことを「天井」という。
②相場が最も低くなっているポイントのことを「底」という。
③さまざまな通貨のロング（買い）ポジションを持つことを「保合い」という。

[　　　]

問4　　　　　　　　　　　各6点×4

下のチャートを見ながら①～④の設問に答えなさい。

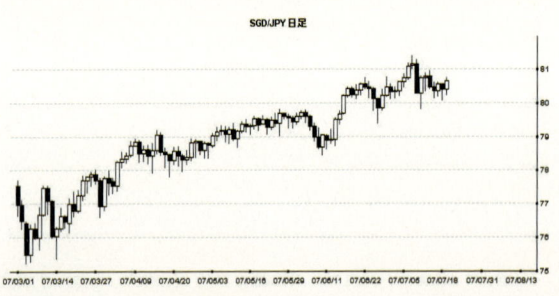

SGD/JPY 日足

①上のチャートにサポートラインと、これに平行する高値を結んだラインを引きなさい。
②現在の下値のサポートラインはどの辺か？　[　　　]
③現在のレートは、80.20円である。一般的にどのようなアクションを取る市場参加者が多くなるか？
[　　　]
④前問③の後、レートが79.00円まで下落した。一般的にどうようなアクションを取る市場参加者が多くなるか？
[　　　]

問5

8点

5日移動平均線、20日移動平均線とも下落をしてきたが、5日移動平均線は横ばいから少し上向き、20日移動平均線も横ばいになった。さらに現在の相場は2本の移動平均を抜いてきた。この時、どのようなアクションを取る市場参加者が多くなるか？

[　　　　　　　　　　　　　　　　　　　　　　　　　　　　　]

問6

8点

力強く上昇してきたポンドドルだったが、2.0140ドル付近を高値にして伸び悩んでいる。これから売りポジションを持ち、下落を見込む場合、その下値の目途はいくらか？

[　　　　　　　　　　　　　　　　　　　　　　　　　　　　　]

問7

8点

ストキャスティクスのDラインが85％以上になったが、どのような戦略が有効か？

[　　　　　　　　　　　　　　　　　　　　　　　　　　　　　]

問8

8点

MACDの線がシグナルの線を下方から抜いてきた。2本の線は両方ともゼロの目盛の上にある。どのようなアクションが有効か？

[   ]

問9

8点

サイコロジカルラインが75％を超えてきた。どのようなアクションが有効か？

[   ]

問10

8点

RSIが30％以下となっているので、売られ過ぎと見て買いポジションを持ったほうがよいか？

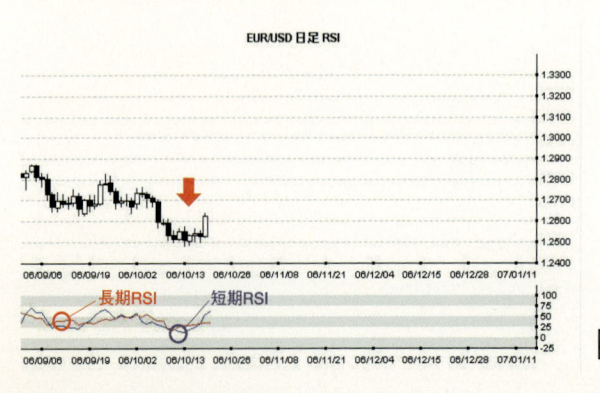

[   ]

問11

8点

下のような場合、どのようなアクションを取る市場参加者が多くなるか？

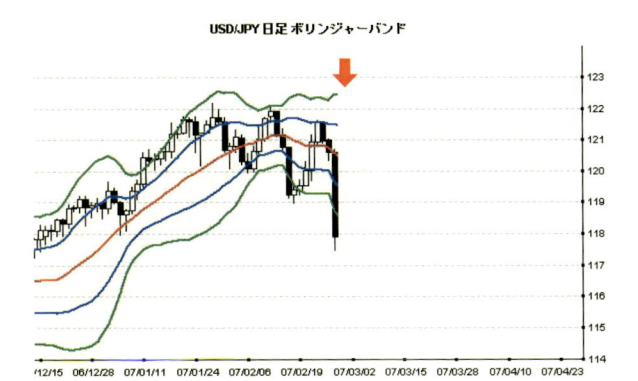

USD/JPY 日足 ボリンジャーバンド

[   ]

問12

8点

下のAのような時点では、どのようなアクションが有効か？

USD/JPY 30分足 一目均衡表

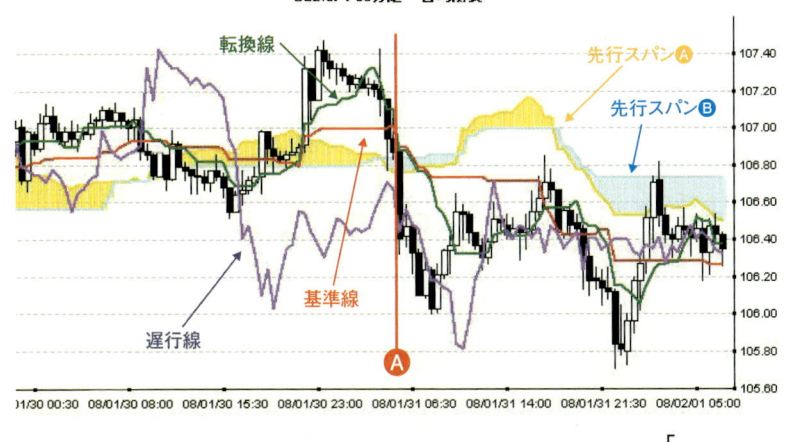

[   ]

解答

問1

高値 112.00
始値 110.50
終値 110.00
安値 109.80

問2　売りの圧力
【解説】
前日の高値で買った人はさらに上昇すると思って買っているが、現在の110.30円というレートでは損が出ているため、逃げの売りを出したいはずだ。また、もうちょっと上で売ろうと思っていたが、売れなかった人、新たに本日売りたいと思っている人は、高値に近づいてくると売りのタイミングを見るようになる。したがって前日の高値付近では売り圧力が強くなる。しかしこれを超えてくれば、この売り圧力よりも買いの圧力が勝っているということになる。

問3　③
【解説】
「保合い」とは、相場がサポートライン（下値支持線）とレジスタンスライン（上値抵抗線）などに挟まれた値動きを一定期間繰り返していること。

問4
①
【解説】
最先端を結ぶことを考えるよりも、何点か通る線があればそちらを選ぶ。

②80.00円
【解説】
サポートライン上にある、現在のポイントを見つける。

③80円台前半に買いオーダーを出すとともに、79円台に損切りの逆指値オーダーを設定する市場参加者が多くなる。
【解説】
ここで反転して上昇するという保証はないが、買い圧力は強いはずであると考える。

④売りポジションを持つ
【解説】
このトレンドラインは比較的長く続いてきたので、それだけ強いトレンドラインであったといえる。したがって、それを割れてきたということは、売りの圧力が強くなっておりトレンドの転換を示唆している。このため今度はこのラインが上値のめどになって下落する可能性が高いので、今度は売りポジションで攻める。

Answer

問5　買いポジションを持つ

【解説】
移動平均線が横ばいもしくは上向きになっている時に、現在の相場が線を上に抜いてきているのであれば、買いのシグナルなので買いポジションの仕掛けどころとなる。

問6　1.9770付近

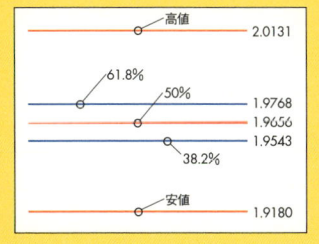

【解説】
今回の上昇相場のはじめとなる1.9180ドルから、直近の高値である2.0131ドルをフィボナッチ比率で分割して分析すると、61.8%のポイントが1.9768ドルとなるので、当面の下値の目途として使える。ちなみに半値は1.9656ドルであるので、次の目安として使える。

問7　売りポジションを持つ

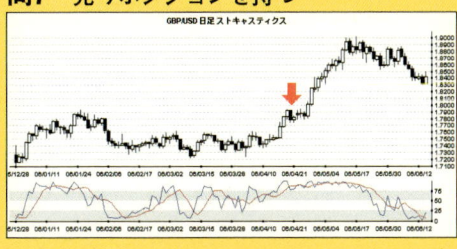

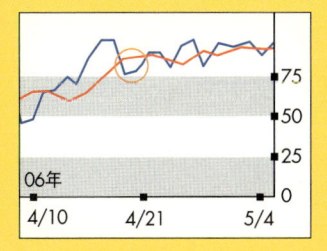

【解説】
テクニカル分析を重視するならば、Dラインが85%を超えてきたのは売りシグナルを意味するので、売りポジションの仕掛けどころとなる。しかし今回のケースは、その後もずっと80%以上の買われ過ぎのラインを超えた状態が続き、実際の相場はその間、1000ポイント以上も上昇した。テクニカル分析は売り買いのポイントを示してはくれるが、このように絶対的なものではないのでロスカット（損切り）注文を置いて臨むことも必要だ。

問8　買いポジションを持つ

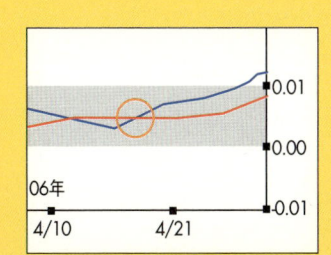

【解説】
MACDがシグナルの線を下から超え、2本の線ともゼロより上にあるので本物の買いのサインとみてよい。テクニカル分析どおりにその後、500ポイント上昇した。しかしこのような条件が整ってきれいなサインがいつも出るとは限らない。

Answer

問9　売りポジションを持つ

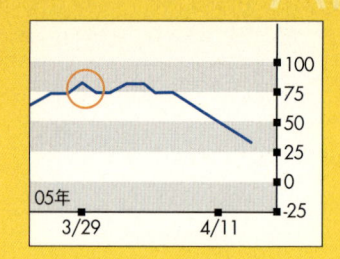

【解説】
サイコロジカルラインの75％以上は買われ過ぎのシグナルとなるので、逆張りで仕掛けるポイントになる。だが、買われ過ぎのシグナルが出ていたとしても、その後108円まで上昇している。図のように急上昇した際には、オシレーター系のシグナルは早々に買われ過ぎとなる場合も多いので、その他のテクニカル分析も勘案する必要がある。

問10　○

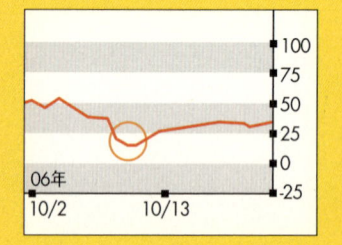

【解説】
RSIは、売られ過ぎ買われ過ぎなどの相場の過熱感を教えてくれるオシレーター系のテクニカル分析ではあるが、相場には行き過ぎるということもよくある。この場合には、しばらくシグナルを出し続けるという状態となる。そこで単純にシグナルの数字だけに注目するのではなく、図のように実際の相場は下落しているのに、RSIは反転し上昇しているというようなタイミングでポジションを作る方法も有効である。

問11　売りポジションを持つ

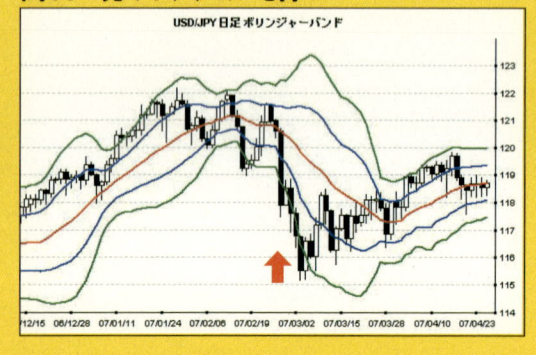

【解説】
ボリンジャーバンドを使ったテクニカル分析の図である。バンド幅が広がっているためトレンドが発生する時であり、またバンドの下落方向に合わせて相場も下落しているので、下降トレンドと判断して売りポジションにする。また下落した後に21日移動平均線の付近まで戻ることもよくあるため、戻りのめどにすることもある。

問12　売りポジションを持つ

【解説】
一目均衡表を使ったテクニカル分析の図である。転換線が基準線を下回ってきている、基準線が下向きである。「雲」がクロスした後で変化を表しているなど、下落を示唆するシグナルが出ている。

第5章 FXマスタードリル

あなたのFX適性力を最終確認！

本章のテストで間違った個所やわからない問題があったら、解説を読み、さらには該当する章に戻ってもう一度復習しよう。為替市場では思わぬ方向へ動くことも多いが、それにも何らかの理由がある。そしてその理由を突き止めることこそ、今後の投資戦略に応用できる。そのためにはまずは自分のFX理解度を知ることだ！

FX投資模擬テスト
FXマスタードリル

/100点

Question

問題　　各1点。ただし、問題7は各2点×7、72と75は各5点

1 外国為替取引の大半を占めているのは？
　①実需
　②投機資金
　③実需と投機資金の割合は同じ　　　　　　　　　　　　　[　　　]

2 多くのFX取引会社が採用している最低取引単位はどれか？
　①1万通貨単位
　②10万通貨単位
　③取引通貨によって異なる　　　　　　　　　　　　　　　[　　　]

3 1万通貨単位の取引に必要な保証金についての説明で正しいものは？
　①すべての取引会社において、保証金は一律10万円となっている
　②保証金の額は自分で決めることができる
　③保証金は取引会社ごとに異なる　　　　　　　　　　　　[　　　]

4 日本の日曜日に外国為替保証金取引の売買はできるか？
　①できる
　②できない
　③月によって違う　　　　　　　　　　　　　　　　　　　[　　　]

5 夜間に取引しようと思っているが、時間帯にして何時ごろの値動きを注目したほうがよいか？
　①2:00〜4:00
　②20:00〜1:00
　③17:00〜22:00　　　　　　　　　　　　　　　　　　　　[　　　]

6 下の組み合わせのうち、正しいものは？
　①ビッド＝自分が売る場合の値段／オファー＝自分が買う場合の値段
　②ビッド＝自分が買う場合の値段／オファー＝自分が売る場合の値段　[　　　]

7 （　　）のなかにあてはまる言葉を下の選択肢から選びなさい。

通貨ペアの（　①　）に表示される通貨（基準になる通貨）を買って持っていることを（　②　）といい、売って持っていることを（　③　）という。たとえば、「ドル円（　②　）」ならば、（　④　）を買っていることになる。（　②　）ポジションは、為替レートが（　⑤　）することを予想してポジション取りするもので、逆に（　③　）ポジションは為替レートが（　⑥　）することを予想してポジション取りするものである。また、持っているポジションを決済して、何もない状態のことを（　⑦　）という。

<選択肢>
ⓐレバレッジ　ⓑロング　ⓒスワップ　ⓓショート　ⓔ右側　ⓕ左側　ⓖ上昇　ⓗ下落
ⓘ円　ⓙ米ドル　ⓚフリー　ⓛスクエア

①[　　] ②[　　] ③[　　] ④[　　] ⑤[　　] ⑥[　　] ⑦[　　]

8 ドル円を売った。この意味は？
①日本円の買い　②日本円の売り　③米ドルの買い　　[　　]

9 円高になるとドル円の値段は？
①大きくなる　②小さくなる　③変わらない　　[　　]

10 115円でドル円を売った後に113円になった場合の為替差損益は？
①プラス　②マイナス　③変化なし　　[　　]

11 150円でユーロ円を買った後に145円になった場合の為替差損益は？
①プラス　②マイナス　③変化なし　　[　　]

12 ポンド円の計算方法は？
①（GBP／USD）×（USD／JPY）　②（GBP／USD）÷（USD／JPY）
③（EUR／GBP）×（USD／JPY）　　[　　]

13 スイス円の計算方法は？
①（USD／JPY）×（USD／CHF）　②（USD／CHF）÷（USD／JPY）
③（USD／JPY）÷（USD／CHF）　　[　　]

14 115円で売ったドル円のポジションの損切りを、1円幅に設定するにはどのような注文を出せばよいか？
①114.00円で指値注文を入れる
②116.00円の指値注文を入れる
③116.00円で逆指値（ストップ）注文を入れる　　[　　]

15 豪ドル円のレートが、95.03／95.09である。成行注文で買いのオーダーを出すと、いくらで成立するか？
　①95.03円　②95.09円　③わからない　　　　　　　　　　［　　］

16 為替レートが110円の時に、10万円の保証金で1万米ドルのポジションを持った。この時のレバレッジは何倍となるか？
　①10倍　②11倍　③110倍　　　　　　　　　　　　　　　　［　　］

17 正しい場合は○を、正しくない場合は×を記入しなさい。
　「保証金1万円で1万米ドルを取引した場合と、保証金100万円で1万米ドルを取引した場合、上下1円の値動きによって生じる為替差損益は、どちらも1万円である」　　　　　　　　　　　　　　　　　　　　　　　　　　　　　　　　　［　　］

18 外国為替保証金取引をするとスワップポイントは？
　①必ず受け取れる　②支払う場合もある
　③高金利通貨の取引では受け取れる　　　　　　　　　　　　　［　　］

19 ドル円の売りポジションを持った場合のスワップポイントは？（08年2月現在）
　①支払う　②受け取る　③発生しない　　　　　　　　　　　　［　　］

20 「USD／JPY（ドル／円）110.74－78」の説明で正しいものは？
　①1円＝110.74－78ドル　②1ドル＝110.74－78円　　　　　　［　　］

21 ユーロ円の通貨ペアの表記で正しいものは？
　①USD／JPY　②JPY／EUR　③EUR／JPY　　　　　　　　　　　［　　］

22 クロス円の通貨ペアは？
　①ドル円　②ユーロドル　③豪ドル円　　　　　　　　　　　　［　　］

23 為替取引のなかで取引量が一番多い通貨は？
　①円　②米ドル　③ユーロ　　　　　　　　　　　　　　　　　［　　］

24 ドル円とユーロ円の値動きは？
　①基本的に正反対　②場合によって大きく変わる
　③基本的に同じ　　　　　　　　　　　　　　　　　　　　　　［　　］

25 ユーロ円の取引を検討しているが、注目しなければならないのは？
　①ユーロ円の動きのみ　②ユーロ円とユーロドルの動き
　③ドルスイスとユーロ円　　　　　　　　　　　　　　　　　　［　　］

26 豪ドルの特徴は？
①基軸通貨　②避難通貨　③高金利通貨　　　　　　　[　　]

27 カナダドルの特徴は？
①基軸通貨　②資源国通貨　③高金利通貨　　　　　　[　　]

28 高金利通貨のレートは？
①上昇し続ける　②下落し続ける　③どちらでもない　[　　]

29 金利の安い国の通貨を買うとどうなるか？
①金利が安いため不利　②金利が安いため有利　③どちらともいえない　[　　]

30 バスケット通貨とは何か？
①複数の通貨で為替レートを決めるシステムの通貨のこと
②ドルに連動した通貨のこと　③鳥かごが描かれたユーロのコインのこと　[　　]

31 ニクソンショックによって為替相場はどうなったか？
①変動相場制に移行した　②固定相場となった
③金本位制になった　　　　　　　　　　　　　　　　[　　]

32 プラザ合意は何を合意したものか？
①ドルの実質的な切り上げ　②金本位制への復帰　③ドルの実質的な切り下げ
　　　　　　　　　　　　　　　　　　　　　　　　　[　　]

33 為替相場が円高方向に進むとニュースになる理由は？
①安い値段でブランド品が手に入るから　②金融サービス業を主体にした国だから
③貿易国だから　　　　　　　　　　　　　　　　　　[　　]

34 円キャリートレードとは、たとえばどのようなことか？
①豪ドルを調達して日本株を買う　②ユーロを調達して日本国債を買う
③円を調達して米国株を買う　　　　　　　　　　　　[　　]

35 円キャリートレードが活発に行なわれ続けると、ユーロ円はどのように動くか？
①上昇する　②下落する　③変わらない　　　　　　　[　　]

36 ファンダメンタルズに沿って為替取引を行なうと、どうなるか？
①損失は出ない　②損失が出ることもある　③必ず儲かる　[　　]

37 ファンダメンタルズを確認するために必要なことは？
①ニュースなどの情報を入手する　②経済白書を入手する
③経済学の書籍を購入する　　　　　　　　　　　　　[　　]

Question

38 本日の経済イベントを知りたい。どのようにすればよいか？
①官庁に問い合わせる　②新聞で調べる　③取引会社のサイトで調べる　[　　]

39 為替相場が激しく動き出した。原因を調べるためには何を見るべきか？
①テレビをつける　②取引会社が提供する情報サイトを見る
③新聞社のサイトを見る　[　　]

40 経済指標が発表された時に、最も注目すべき点は？
①結果の数字　②前回値との乖離　③予想値との乖離　[　　]

41 GDP統計は何をみる経済指標か？
①景気　②センチメント　③失業　[　　]

42 ドル円の下落要因として、誤っているものは？
①アメリカのGDPが＋3.0％と発表され、前回の＋2.6％よりも改善した。ちなみに事前の予想では＋3.3％となっていた。
②アメリカの消費者物価指数が大きく上振れし、金融引き締め予想が出た。
③アメリカの雇用者数の増加が事前の予想よりもかなり悪く、また失業率も悪かった。
④アメリカの貿易赤字が単月で600億ドルの大台を超えて過去最大となった。
[　　]

43 日本の鉱工業生産が前月比＋2.1％と大きく改善し、エコノミストの予想も上回った場合、為替はどう動くか？
①ドル円は下落する　②ドル円は上昇する　③ユーロドルが上がる　[　　]

44 英国の小売売上高が予想に反して下落した場合の主要通貨に対してのポンドの反応は？
①ポンドドルは上昇する　②ポンド円は上昇する　③ポンドドルは下落する　[　　]

45 発表されたフィラデルフィア連銀製造業景気指数（フィリー指数）が事前予想の6.0を大きく上回り、15.0という結果になった。この場合、一般的に市場参加者が考えるドル円の値動きは？
①ドル円が上昇する　②ドル円が下落する　③ドル円は変動しない　[　　]

46 ニューヨーク連銀製造業景気指数とはどのような経済指標か？
①失業率　②設備稼働率　③センチメント調査　[　　]

47 「生産者物価」と「消費者物価」ではどのような違いがあるか？
①生産者物価のほうが先にインフレの影響が現われる
②消費者物価のほうが先にインフレの影響が現われる
③両方同時に現われる　[　　]

48「住宅販売」は経済指標のなかで、どのような意味を持つか？
　①消費の先行指数として注目される　②それほど重要でない
　③鉱工業生産を上げるので重要だ　　　　　　　　　　　　　　［　　　］

49 日銀総裁の発言で、当面、利上げはしないことが確認された場合、どのような値動きが予想されるか？
　①ドル円は上昇　②ドル円は下落　③豪ドル円が下落　　　　　［　　　］

50 米国の中央銀行は？
　①BoE　②FRB　③ECB　　　　　　　　　　　　　　　　　　　［　　　］

51 政策金利が18％の通貨は？
　①すぐに買ったほうがよい　②すぐに売ったほうがよい
　③多方面から考えてから判断する。　　　　　　　　　　　　　［　　　］

52 高い経済成長率を維持している国では？
　①インフレが起こりやすい　②デフレになりやすい　③インフレが起きにくい　［　　　］

53 特に買い材料が見当たらないなか、ユーロドルが急激に値を上げている。どのような解釈をするのが妥当か？
　①ECB関係者がハト派的な発言をした　②ECB関係者が超タカ派的な発言をした
　③日銀総裁が金利を上げないと発言した　　　　　　　　　　　［　　　］

54 中国が利上げをほのめかしている時の為替市場の動向は？
　①ドル円は下がる　②ドル円は上がる　③ユーロ円は上がる　　［　　　］

55 中東で紛争が起こった。次のうち、可能性が高い基調は？
　①ドル上昇基調　②円下落基調　③スイスフラン上昇基調　　　［　　　］

56 一般的に景気がよいと株は買われるが、その時に為替相場はどういう動きを示すことが多いか？
　①その国の通貨は下がる　②その国の通貨は上がる　③まったく影響を受けない　［　　　］

57 ドイツの株式市場が史上最高値で沸いている時、ユーロ円はどのような値動きになる傾向がある？
　①ユーロ円は下落する　②ユーロ円は上昇する　②変わらない　［　　　］

58 商品相場が上昇基調にある場合は？
　①ユーロドルは下がりやすくなる　②ユーロドルは上がりやすくなる
　③豪ドルは下がりやすくなる　　　　　　　　　　　　　　　　［　　　］

59 原油価格が急落すると、為替市場では一般的にどのようなことが起こりやすいか？
　①カナダドルが売られる　②円が売られる　③スイスフランが買われる　[　　]

60 アメリカのシンクタンクが穀物価格の上昇を予想したレポートを発表した。この時に立てるべき戦略は次のうちどれか？
　①ドル円のショート　②ユーロ円のロング　③豪ドル円のロング　[　　]

61 テクニカル分析とはどのようなものか？
　①株式と商品相場に使用され、為替相場では重視されない
　②為替相場だけに適用できる
　③価格や時間帯などから相場を分析すること　[　　]

62 「押し目買いに押し目なし」という、相場の格言の意味は？
　①安値で買おうと思っても買えずに相場が上がること
　②買っても、買っても上がること　③安値と思って買ったら下がること　[　　]

63 前日の相場の高値と安値をどう考えるか？
　①重要である　②まったく無視するべきである
　③テクニカル分析には必要ない　[　　]

64 前日の動きを参考にして売る場合のポイントはどこか？
　①前日の高値近辺　②前日の安値近辺　③21日移動平均線　[　　]

65 4本値とは何から構成されているか？
　①4日間の平均　②始値－高値－安値－終値　③4つの高値　[　　]

66 下のローソク足の説明で正しいのはどれか？

　108.93
　108.62
　　　　①始値108.93円－終値107.34円
　　　　②始値108.13円－終値108.62円
　108.13
　　　　③始値108.62円－終値108.13円

　107.34
　　　　　　　　　　　　　　　　　　　[　　]

67 連日、高値を更新する相場が続いている。この状況は？
　①上昇トレンドにある　②下降トレンドにある　③レンジ相場である　[　　]

68 下降トレンドが継続している相場での戻り売りの目安はどこか？
　①サポートラインの少し手前　②レジスタンスラインの少し手前
　③以前に自分が売って儲かったところ　　　　　　　　　　　　　[　　　]

69 前日の高値を抜けてきた。どういうことがいえるか？
　①売り圧力が強い　②買い圧力が強い　③買いと売りが拮抗している [　　　]

70 移動平均線にはどのようなものがあるか？
　①いろいろなものがある　②日足ベースのものしかない
　③日足ベースはあるが、週足ベースはない　　　　　　　　　　　[　　　]

71 移動平均線より現在の相場が上にいる時は、どのような戦略が有効か？
　①売りポジションを持つ　②買いポジションを持つ
　③平均線に戻るまで待つ　　　　　　　　　　　　　　　　　　　[　　　]

72 下のチャートを見て、2本の移動平均線からわかる売買ポイントに○を記入しなさい。

[　　　]

73 下の一目均衡表の①〜④は何を表しているか？　下の選択肢から選びなさい。

　ⓐ上値抵抗線
　ⓑ下値支持線
　ⓒ相場の転換点
　ⓓ買いのシグナル
　ⓔ売りのシグナル

①[　　　]
②[　　　]
③[　　　]
④[　　　]

74 ボリンジャーバンドのバンド幅が広がるということは？
　①ボラティリティが高まる　②買いのチャンスである
　③変動が小さくなる　　　　　　　　　　　　　　　　　　　　　[　　　]

75 下のチャートで、買いのポイントと思われる場所に○を記入しなさい。

USD/JPY 日足 ボリンジャーバンド

[　　　]

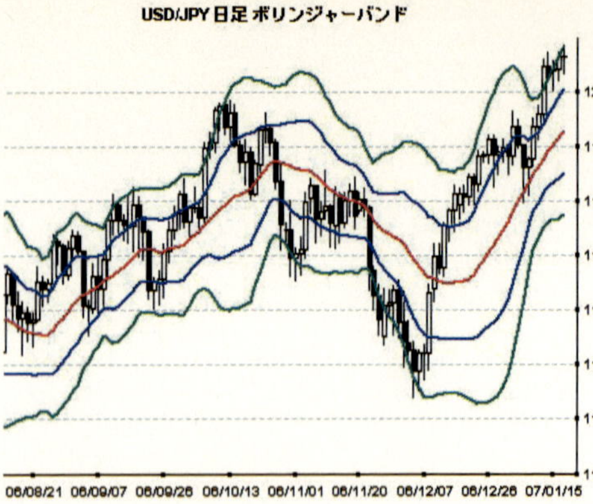

76 RSIとは何を表すテクニカル指標か？
①売るためのもの　②買うためのもの
③売られ過ぎ、買われ過ぎをみるもの

[　　　]

77 「半値戻し」が重要なのはなぜか？
①神秘的な数字の魔力で必ず戻るから
②統計学的にどのような相場でも必ず半値くらいは戻すから
③レンジのちょうど半分なので、相場全体の平均コストを意味するから

[　　　]

78 下のグラフは、サイコロジカル分析部分を抜き出したものである。買いのポイントと思われる場所に○を記入しなさい。

[　　　]

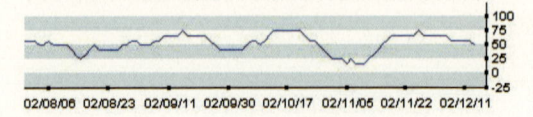

79 下のチャートで①の時、どのようなアクションが有効か？

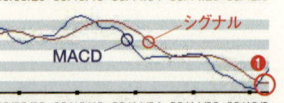

USD/JPY 日足 MACD

①買いポジション
②売りポジション
③何もしない

[　　　]

解答

1 解答②
【解説】投機資金が外国為替取引の大半を占め、実需の資金は少ない。しかし投機資金があるために為替相場は安定的に動いている。

2 解答①
【解説】1万通貨単位からの会社が主流である。

3 解答③
【解説】保証金の設定は各取引会社で異なる。

【FXプライムの例】
取引通貨ペアごとに各コースを設定しており、コースの金額が1万通貨あたりの取引保証金となる。×印は取引できない通貨ペア。

4 解答②
【解説】インターバンク市場が休みのため、売買は行なえない。

5 解答②
【解説】ロンドン市場の午後とニューヨーク市場の午前の重なる②の時間帯が、市場参加者が注目する時間。特に指標の発表が多い夜の22時前後は見逃せない。

6 解答①

7 解答
①f　②b　③d　④j　⑤g　⑥h　⑦l

8 解答①
【解説】ドル円を売るということは米ドルを売るということであるが、対価となる円からみれば円買いとなる。

9 解答②
【解説】ドル円の通貨ペアではドルの価値を円で表しているため、円高になると値は小さくなる。

10 解答①
【解説】自分の売った値段より安くなっているので、為替差益が発生する。

11 解答②
【解説】自分の買った値段より安くなっているので、為替差損が発生する。

12 解答①
【解説】たとえば、ポンドドルが1.9425ドル、ドル円が108.00円とすれば、1.9425ドル×108.00円＝209.79円となる。

13 解答③
【解説】たとえば、ドル円が109.00円、ドルスイスが1.1008スイスフランとすれば、109.00円÷1.1008スイスフラン＝99.02円となる。

14 解答③
【解説】あらかじめ損切りの水準を決めて、逆指値（ストップ）注文を入れておいたほうが、予期せぬ値動きにも対処可能で損失は限定できる。

15 解答②
【解説】成行注文は現在提示されている値段で約定するので、ほとんど値動きがない場合には、95.09円で成立する。

16 解答②
【解説】1万米ドル×110円÷保証金10万円＝11倍となる。

17 解答○
【解説】保証金の額が少なければ、それだけ大きなレバレッジが効いていることになるが、取引額が同じであるならば為替差損益は同じだ。

18 解答②
【解説】スワップポイントはもらえる場合もあるし、自分が支払う場合もある。また通貨ペアの金利差から生じるので高金利通貨を売るか買うかで支払い、受け取りが異なる。

19 解答①
【解説】円よりも金利の高い米ドルの売りポジションを持つ場合、スワップポイントは支払いとなる。

20 解答②
【解説】通貨ペアの表示は、必ず先（左側）に表示されている通貨の1単位に対して、次（右側）にくる通貨がいくらとなっている。

21 解答③
【解説】ユーロ円の通貨ペアでは、ユーロ（EUR）が先（左側）に来る。

22 解答③
【解説】通貨ペアのうち、ドルが絡まないものをクロス通貨という。

23 解答②
【解説】米ドルは世界の基軸通貨なので、為替取引売買の中心となっている。

24 解答②
【解説】クロス円であるユーロ円はユーロドル×ドル円なので、ユーロドルが上下し、ドル円が動かなければ値動きが大きくなる傾向がある。

Answer

25 解答②
【解説】ユーロ円は、ドル円とユーロドルの動きで決まる。したがってユーロ円などのクロス通貨を売買する際にも、ストレート通貨の動きを必ず見る必要がある。

26 解答③
【解説】豪ドルは資源国通貨として買われる場合もあるが、高金利政策を取っており、また政治的にも安定しているため、高金利通貨としての人気も高い。

27 解答②
【解説】原油をはじめ、多くの資源に恵まれたカナダは資源国通貨の代表で、原油価格などが高くなると買われる傾向が高い。

28 解答③
【解説】金利の高い通貨は買われやすくなるが、必ずしも上昇し続けるということにはならない。金利の高低だけで為替レートが変動するわけではない。

29 解答③
【解説】各国のさまざまな経済情勢などを材料に取引されているため、必ずしも低金利通貨が売られるとは限らない。たとえば戦争やテロなどが発生すると、避難通貨としてスイスフランが買われることが多い。

30 解答①
【解説】複数の通貨をひとつのバスケットとして、そのなかで各通貨の割合を決めて為替レートに反映させるという方法で、ユーロの前身であるECUが代表例。シンガポールドル、ロシアルーブルも同じタイプ。

31 解答①
【解説】ニクソンショックといわれるドルと金の交換停止の発表は、ドルの価値を金で保証しなくなったことを意味し、為替市場はこれ以降、変動相場制となった。

32 解答③
【解説】85年に行なわれたG5（日本、米国、ドイツ、フランス、イギリス）の蔵相会議では、主要通貨に対してドルの価値を切り下げることが決定された。これを、開催されたニューヨークの「プラザホテル」にちなんでプラザ合意という。

33 解答③
【解説】日本は国内で製造した自動車や電気製品などさまざまなものを輸出しており、円高が進行することによって海外での競争力が低下する。また、円高が進行すると海外での売り上げを円に戻す時の受取額が目減りし、企業業績に悪影響をおよぼすことになる。

34 解答③
【解説】金利の安い円で資金を調達して、その入手した円を外貨に交換して米国株などを買うといった手法である。

35 解答①
【解説】調達した円を売ってユーロを買うことになるので、ユーロ円は上昇する。しかし円キャリートレード解消の動きが強まると、円を買い戻す動きが活発になるので、今度はユーロ円が下落する。

36 解答②
【解説】ファンダメンタルズを知っておくことはたいへん重要であるが、為替相場においては、実際のレートにファンダメンタルズ面の材料がすでに織り込まれている場合がある。また、テクニカル面での要因など、いろいろな要因も関わってくるため、断片的な見方をしないほうがよい。

37 解答①
【解説】普通のニュースにはじまり、取引会社が提供するさまざまな情報サイトを活用することで、より効率的にタイミングよく情報を確認することができる。

38 解答③
【解説】為替レートの変動に影響を与えるような経済イベントは、取引会社のサイトなどに出ているので日々のチェックは欠かせない。

FXプライムでの情報提供例

39 解答②
【解説】取引を提供する会社では、為替の動きが逐一わかる情報を提供している。手軽に調べられるので、大いに活用しよう。

FXプライムの「MarketWin24」では、最新の相場動向がチェックできる。

40 解答③
【解説】今回の結果と前回値との乖離よりも、事前の予想との乖離によって為替レートが動くことのほうが多い。

41 解答①
【解説】GDP統計は経済活動そのものを表す。特にGDPの成長率を見ることで、景気がよくなっているか悪くなっているかを判断する。

42 解答②
【解説】①GDPが事前予想よりも悪い結果であれば、ドル売り材料となる。前回から改善したかどうかも重要だが、予想と結果の乖離のほうが、特に指標発表直後は影響が大きい。②消費者物価指数の上昇はインフレの増大を意味し、ドルの金利が上昇するためドルは買われやすくなる。③アメリカの雇用統計の結果が悪いということは、ドル売りにつながる。④貿易赤字の拡大はドル下落要因のひとつ。

43 解答①
【解説】鉱工業生産もGDPと同じように、景気のよし悪しを表す経済指標で、この数字が事前予想よりも大幅に改善している場合には、円は買われやすくなる。

44 解答③
【解説】消費に関する指標が悪化した場合、景気が悪くなる見通しが多くなるため、その国の通貨は売られやすくなる。

45 解答①
【解説】指標の結果が事前予想よりよかった場合、指標発表後、その通貨は買われやすくなる。反対に悪かった場合には売られやすくなる。

46 解答③
【解説】ニューヨーク連銀が発表するセンチメント調査で、企業や消費者のマインドを計るためのアンケート調査であって、将来の消費動向や景気動向を探ることができる。

47 解答①
【解説】モノが流通する上で、川上のほうが川下よりも先にインフレの影響が現われてくるはずなので、「生産者物価」の動きは、「消費者物価」よりも3カ月くらい先行しているといわれる。

48 解答①
【解説】住宅関連の指標は支出する金額も大きいため、消費活動の先行指数となり、注目度が高い。

49 解答①
【解説】金利を上げないということは他国と比較した場合、相対的に金利面での魅力が薄れ、その国の通貨が売られやすくなる。

50 解答②
【解説】①は英国中央銀行、③は欧州中央銀行

51 解答③
【解説】高金利であっても、政治的な問題や経済的なリスクを抱えている場合には、必ずしも買い材料とはいえない。

52 解答①
【解説】高い経済成長を遂げている国では、大量の資金が流入してきて、物価も上がりやすくなるためインフレ率も高くなりやすい。

53 解答②
【解説】報道よりも為替レートが先に動くことが多いため、通常とは異なる値動きをしている場合には、何かが起こっている可能性が高いので、ニュース速報などで確認したい。

54 解答①
【解説】中国が利上げをするという場合、日本円も同じアジア通貨という連想から円高になりやすい。

55 解答③
【解説】スイスフランなどの避難通貨が買われやすくなる。また、最近ではユーロ買いにつながる傾向もあるので、各通貨の値動きをつねに意識したい。

56 解答②
【解説】景気がよく、株が買われる場合には、その国の通貨は買われやすくなる。

57 解答②
【解説】ドイツはユーロ圏の経済で大きな地位を占めており、ドイツの株式市場が高くなるということは、その通貨であるユーロの価値も上昇に向かわせることになる。

58 解答②
【解説】貴金属や石油関連の重要な資源の価格はすべて米ドルで表示され、ドルのままで持っているか、そのドルで商品を買うかとの選択になる。そのため、商品の値段が高い時にはドルが売られがちになり、反対に商品が安い時にはドルが買われやすくなる。

59 解答①
【解説】カナダドル、ポンドなど原油に関連する通貨は下落傾向となる。また、原油の値動きは、他の商品市況にも大きな影響を与えるため、豪ドルなども下落することが多い。

60 解答③
【解説】穀物の輸出大国である豪ドルは買われやすくなる。穀物価格の今後の上昇が見込まれるような場合には、豪ドル円をロングで持っておくという戦略が考えられる。カナダ円のロングでもよい。

61 解答③
【解説】テクニカル分析とは、為替、株、債券、商品などの価値や時間などを背景に相場分析をすること。

62 解答①
【解説】買おうと思って、現在のレベルよりも少し安いところで待っていても買えずに、相場が上がってしまうことを表している。この状況が売りの場合には、「戻り売りに戻りなし」となる。

63 解答①
【解説】複雑なテクニカル分析の前に、まずは前日の高値と安値がどこにあったかを確認することが重要。前日のほかに、1週間、1カ月間など期間を少し広げてチャートを眺めてみよう。

64 解答①
【解説】前日の値動きだけで判断する場合には、前日の高値付近はひとつの目安になる。

65 解答②
【解説】4本値は、始値・高値・安値・終値のことを指す。ローソク足は、4本値を図示したもの。

66 解答③
【解説】始値より終値が下がった陰線で、「始値108.62円－高値108.93円－安値107.34円－終値108.13円」となる。

67 解答①
【解説】買い圧力が強く、また明らかな上昇トレンドを描いていると考えるべきである。毎日の高値がしだいに切り下がっていく展開が「下降トレンド」。またレンジ内の動きであれば、トレンドとはいわない。

Answer

68 解答②
【解説】下降トレンドでも、レジスタンスラインまでは戻ってくることがよくあるので、その近辺を売りのポイントとして使うことができる。

69 解答②
【解説】高値付近では当面の天井付近という見方から売りも出やすいが、これらの売りをこなして上昇する場合、それだけ買い圧力が強いということになる。

70 解答①
【解説】移動平均線は、日足だけでなく10分、30分など期間を変えても計算することができる。超短期の売買には、5分足など期間の短い移動平均線を活用したほうがよい。

71 解答②
【解説】移動平均線よりもローソク足が上で推移しているということは、上昇トレンドとなっていると考えられるので、買いで攻めるのが正攻法である。

72 解答

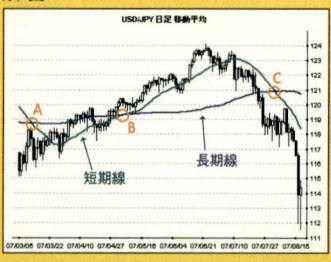

(チャート: USD/JPY 日足 移動平均 — 短期線、長期線、A・B・C)

【解説】AとCは短期線が長期線を上から下に抜けている（デッドクロス）ので、売りのシグナルとなる。Bは短期線が長期線を下から上に抜いている（ゴールデンクロス）ので、買いのシグナルとなる。

73 解答 ①c ②d ③e ④e

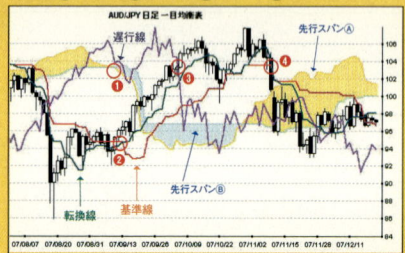

(チャート: AUD/JPY 日足 一目均衡表 — 先行スパンⓐ、先行スパンⓑ、遅行線、転換線、基準線)

【解説】①先行スパンⓐと先行スパンⓑがクロスするところは、相場のターニングポイントとなりやすい。②転換線が基準線を上回っているので、買いシグナル。③遅行線がローソク足を下回っているので、売りシグナル。④転換線が基準線を下回っているので、売りシグナル。

74 解答①
【解説】基本的にボリンジャーバンドは、大きなトレンドの変化を取りにいくためのテクニカル分析といわれているため、あまり頻繁に売買するためには使われない。しかしバンド幅が広がる時はボラティリティが高まる時であるため売買のチャンスである。

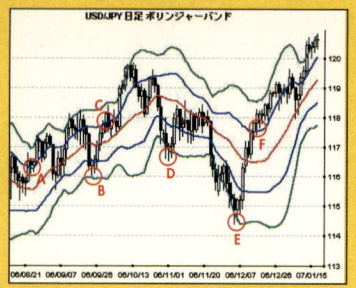

75 解答

(チャート: USD/JPY 日足 ボリンジャーバンド — A・B・C・D・E・F)

【解説】A・C・Fは1標準偏差を超えてきたので、2標準偏差まで順張りでの買い。B・D・Eはバンドの下限付近となっているので、逆張りでの買いが一般的であるが、バンドの幅が拡大している時には順張りの売りという戦略も考えられる。

76 解答③
【解説】オシレーターという分野のテクニカル分析で、買われ過ぎ売られ過ぎをみるためのもの。しかし、サインが出たからといってすぐに相場が変化するわけではないのでその他のファクターも勘案して臨むほうがよいだろう。

77 解答③
【解説】数字にもさまざま神秘の話がつきまとうが、もう少し客観的に考えればレンジのちょうど半分というのは、相場全体の平均コストを意味することにもなる。

78 解答

(チャート: USD/JPY 日足 サイコロジカル)

【解説】サイコロジカルラインが25％以下になっているので、今後反発する可能性が高い。

79 解答①

(チャート: USD/JPY 日足 MACD)

【解説】MACDがシグナルを下から上に抜いているので、買いのシグナルとなる。

これからはじめる人のためのFX練習帳
お役立ち用語集

お役立ち用語集

わからない単語を素早く検索！

経済用語から、
取引用語、
テクニカル用語まで

外国為替投資には専門用語が多く出てくる。また横文字が多いのも事実だ。でも、ご安心を。ここではよく出てくるFX用語をやさしく解説。主だった用語だけの掲載だが、これだけでも覚えておけば、実際のFX投資には特に問題はないはず。また各章の復習にもなるので、活用してほしい。

お役立ち用語集

■ 買い持ち＝ロング　⇔売り持ち

■ カバー（取引）
保有するポジションを決済するために外国為替売買を行なうこと。

■ 為替介入
一般に通貨当局が外国為替市場において、外国為替相場に影響を与えることを目的に外国為替の売買を行なうことをいう。日本では、財務大臣が円相場の安定を実現するために用いる手段として位置付けられ、為替介入は財務大臣の権限において実施される。

き

■ 基軸通貨
基軸通貨の定義は難しいが、①国際的に決済通貨として広く使われていること、②資産通貨として評価され国際的に投資の対象となっていること、③①および②であることから他国の資産を測る基準通貨となり得ること、などが挙げられる。その前提として、その国の経済の規模が大きく、自由な金融・資本市場が存在することは当然である。かつて、ブレトン・ウッズ体制では、米ドルが（金兌換という条件付きながら）制度上基軸通貨であったが、変動相場制移行後の現在も、事実上基軸通貨である。しかし、もはや制度上の基軸通貨がない以上、将来的に、ユーロ、円などその他の通貨が基軸通貨となる可能性も否定できない。

■ 逆指値オーダー
オーダーを出す時点のレベルより低いレベルの売りレート、あるいは高いレベルの買いレートを指定して出す売買オーダー。⇔指値オーダー

■ 逆張り
相場が上昇方向にある時に売り、下降方向にある時に買うこと。　⇔順張り

■ キャピタル・ゲイン (capital gain)
投資した商品の価格変動にともなって生じる売買差益のこと。⇔キャピタル・ロス

■ キャリートレード (carry trade)
金利の低い通貨で資金を調達し、金利の高い通貨で運用する手法。たとえば、金利の低い円を調達して、より金利の高い通貨で運用する取引を「円キャリートレード」という。ヘッジ・ファンドが多用する資金調達・運用の手法といわれる。一般的には、金利差が拡大する場面ではキャリートレードは増加し、縮小する局面ではその巻き戻しが起こることが多い。

く

■ クォート (quote)
取引の相手方に、取引できるレート（ファーム・プライス）を提示すること。⇒ツー・ウエイ・クォーテーション

■ クロス・レート／クロス取引／クロス円
クロス・レートとは、ユーロ・ポンドなど米ドルを介さない通貨ペアのレートを指し、その取引自体をクロス取引という。クロス円とは、クロス取引のうち、ユーロ円など米ドル以外の通貨の対円通貨ペアをいう。

け

■ 経済成長率
GDP（国内総生産）の伸び率のこと。前期の経済成長率＝（前期のGDP－前々期のGDP）÷前期のGDP×100で計算する。

■ 堅調
相場で、買い意欲が強く上がり気味の状態。　⇔軟調

こ

■ 公開市場操作
中央銀行が、一般公開の市場（オープン・マーケット）において通貨量を調節する金融政策のこと。通貨量が余剰の時は中央銀行が保有する有価証券や手形を売却して、通貨を市場から中央銀行に還流させて金融を引き締め（売りオペレーション）、逆に市場での通貨供給が逼迫している時には市場における有価証券や手形を中央銀行が買い取ることにより、市場に資金を放出して金融の緩和を図る（買いオペレーション）。

■ 鉱工業生産指数
日本の産業を、鉱業と製造業に大別したうえで産業別に細分化し、生産・出荷・在庫などの変動から景気を判断するための指数。生産動向を測るうえで最も有効な指標。

あ

■ 相対取引（＝OTC　over the counter）
外国為替市場には、一部を除いて株式のように物理的な取引所がないため、たとえば売り手と買い手が1対1の関係のなかで取引条件を決定する。このように二者間の合意だけで成立する取引をいう。

■ アゲインスト (against)
保持しているポジションを現在のマーケット・レートで評価した場合に、損失となる状態。　⇔フェイバー

■ アマウント
外国為替取引を行なう時の「取引量」、「取引金額」。

い

■ イフ・ダン・オーダー (if-done order)
新規のオーダーを出す際に、そのオーダーが成立（ダン）した場合に決済するレートをあらかじめ設定して、同時にオーダーを出しておく手法。あくまで新規オーダーが成立した場合にのみ、決済オーダーが有効となる。

■ 陰線
ローソク足の形状。始値より終値が低い場合に黒地で表す。⇔陽線

■ インターバンク市場 (interbank market)
銀行など金融機関、ブローカー（電子ブローキングを含む）、通貨当局から構成される。外国為替市場で取引の中心的な役割を果たしており、「外国為替市場」といえば、一般的にはインターバンク市場を指す。

■ インフレーション (inflation)
ある程度継続的に物価水準が上昇し、相対的に貨幣価値が下落する状態をいう。インフレーションは、総需要が総供給を上回る場合、生産要素の価格上昇が起こる場合、あるいはこのふたつの要素が相まって起こる場合がある。　⇔デフレーション

う

■ 売り持ち＝ショート　⇔買い持ち

お

■ 欧州連合（EU　European Union）
93年11月1日、欧州連合条約（マーストリヒト条約）の発効により欧州共同体（EC）加盟12カ国を母体に発足。その後加盟国を加え、現在は27カ国の連合となっている。

■ オー・シー・オー・オーダー（OCO　One cancel the other）
同順位のふたつのオーダーを同時に出し、ひとつのオーダーが約定すると自動的に他方のオーダーがキャンセルされるオーダー手法。ストップ・ロス・オーダー（損切りオーダー）とプロフィット・テイキング・オーダー（利食いオーダー）を同時に出す場合など、さまざまな使い方ができる。

■ オーバーシュート (overshoot)
相場が、あるチャート・ポイントを飛び越すような予想外に大きな変動をすること。また、そのような行き過ぎた相場展開をいう。

■ 押し目
相場が上昇トレンドにある時に、価格が一時的、調整的に下がる局面。ディップ。⇔戻り

■ オファー (offer)
プライスを提示する側の売りレート。提示される側から見れば買いレートとなる。　⇔ビッド

か

■ 外貨準備高
通貨当局（日本の場合は財務省・日本銀行）が保有する流動性の高い外貨建て資産（外国債券・外貨建定期預金・金など）の残高のこと。対外的な収支決済や、急激な為替相場の変動に対処する為替介入などに用いる。

■ 外国為替市場
狭義の外国為替市場とは、インターバンク市場を指す。このインターバンク市場と顧客市場から構成されるのが広義の外国為替市場である。一部を除いて物理的な取引所があるわけではなく、さまざまな通信手段を通じて月曜日早朝から土曜日早朝まで24時間不断に取引が行なわれる。したがって、東京市場という概念は時間的に東京が中心となるという程度の意味合いであり、ロンドン市場、ニューヨーク市場も同様である。⇒インターバンク市場

そ

■損切り
損失を確定するために保有するポジションを決済すること。ロス・カット。 ⇔利食い

た

■ダン (done)
取引が成立（約定）すること。原則として、いったん成立した取引は取り消しできない。 ⇔ナッシング・ダン

ち

■地政学的リスク (geopolitical risk)
特定地域の政治的・軍事的緊張により、世界経済の先行きの不確実性が増す状態、またそのリスク。昨今、イラク情勢をめぐり盛んに使われるようになり、G7共同声明などでも使われた表現。

■チャート (chart)
価格の動きをグラフで表したもの。罫線。大きく分けて時系列式罫線（一目均衡表など）と非時系列罫線（かぎ足など）がある。

■中央銀行 (Central Bank)
一国の金融機構の中核となる銀行。「発券銀行」、「銀行の銀行」、「政府の銀行」の3つの機能を持つ金融機関としての機能と、最後の貸手としての金融統制機関としての機能を持つ。またこれらの機能を通じて金融政策を行なう。

■チョッピー (choppy)
相場が、明確な方向感なく不規則に動くこと。

つ

■ツー・ウエイ・クォーテーション (two-way quotation)
取引の相手方にレート（ファーム・プライス）を提示する時、買値、売値の両方のレートを同時に提示すること。また、この時提示されたレートをツー・ウエイ・プライス(two-way price)という。

■通貨当局
通貨政策を担当する政府部局あるいは中央銀行。日本の場合、為替介入は財務大臣の権限で行ない、日本銀行はその執行機関に過ぎない。したがって、通貨政策が為替介入を指す場合には、厳密な意味での通貨当局は財務省である。

■通貨バスケット制度
自国通貨を、複数の主要貿易相手国通貨を一定の割合で加重平均した合成通貨と連動させ、通貨価値（ひいては競争力）の安定化を図る制度。

■通貨ペア
交換を行なう2国通貨の組み合わせ。基準通貨をどちらにするかによって表示方法が異なる。

■強材料（つよざいりょう）
相場が上がると予想されるような要因、あるいは上がった要因。 ⇔弱材料

■強含み（つよぶくみ）
相場の地合が堅調な状態をいう。 ⇔弱含み

て

■TTBレート
電信買相場。金融機関の対顧客外貨買いレート（顧客の売りレート）。手数料を含むので、仲値より低い（顧客にとって不利な）レートになっている。 ⇔TTSレート

■TTMレート（＝仲値）
毎日9時55分頃のインターバンク市場の為替レートを基準にして各銀行が決定する対顧客取引レートの基準値となるレート。決済日が2営業日後のインターバンク市場のレートからスワップ・ポイント分を調整して当日物として決定する。

■TTSレート
電信売相場。金融機関の対顧客外貨売りレート（顧客の買いレート）。手数料を含み、仲値より高く設定されている。
⇔TTBレート

■デイ・オーダー (day order)
有効期限をその取引日のみと設定して出すオーダー。
⇔オーバーナイト・オーダー

■ディップ (dip) ＝押し目

■デイ・トレーディング／トレード (day trading/trade)
ポジションを同一取引日のうちに決済する取引。

こ

■公示相場（レート）
東京市場に参加している民間金融機関の対顧客取引の基準となるレート、仲値（TTMレート）。9時55分ごろのインターバンク市場の実勢レートに基づき各銀行が独自に決める。

■公定歩合
中央銀行が、民間金融機関に資金を貸し出す際に適用される基準レート。政策金利のひとつであり、公定歩合の変更は、中央銀行の金融政策のなかで最もオーソドックスな方法。

■国内総生産（＝GDP Gross Domestic Product）
一定期間内に国内で産み出された付加価値の総額。経済を総合的に把握する統計。国内総生産の伸び率が、すなわち経済成長率である。

さ

■差金決済
現物の受渡しを行なわず、反対売買による差額の授受で決済を行なうこと。

■指値オーダー
オーダーを出す時点のレベルより低いレベルの買いレート、あるいは高いレベルの売りレートを指定して出す売買オーダー。
⇔逆指値オーダー

■サポート（ライン）(support line)
支持線。相場がその線で下げ止まれば、反転し上昇に転ずるとされるレベル。 ⇔レジスタンス（ライン）

し

■地合（じあい）
相場の状況。

■ジー・ティー・シー・オーダー
（＝GTC good till cancelled order）
取り消さない限り有効なオーダー。

■市場介入＝為替介入

■市場センチメント (market sentiment)
市場心理。相場は材料が同じでも、(市場)センチメントによりまったく異なる動きをすることがある。

■順張り
相場が上昇方向にある時に買い、下降方向にある時に売ること。 ⇔逆張り

■消費者信頼感指数
消費者に対してアンケート調査を行ない、現在と将来（半年後）の景況感、雇用状況、所得などに対する消費者マインド（楽観もしくは悲観）を指数化したもの。

■ショート (short)
レートが下落した場合に利益が出るポジションをいう。たとえば、ドル／円取引においては、ドルを売っている（円を買っている）状態をいう。 ⇔ロング

■ショート・カバー (short covering)
ショート・ポジションを持った（売り持ちの）人が、買い戻すこと。

す

■スクエア (square)
売り(short)のポジションも、買い(long)のポジションもない状態。SQと表示することもある。

■ストップ・ロス・オーダー (stop-loss order)
保有するポジションの損失を一定レベルで確定させるためのオーダー。売り持ちの時は現在のレベルより高いレベルに買いの逆指値オーダーを、買い持ちの時には現在のレベルよりも低いレベルに売りの逆指値オーダーを置く。⇔プロフィット・テイキング・オーダー

■スプレッド (spread)
ビッドとオファーの開き。流動性が高い通貨のレートでは狭く、流動性の低い通貨のレートでは広くなることが多い。また一般的に、市場参加者が多く取引量が多い時間帯のほうがスプレッドは狭い。

■スワップ・ポイント (swap point)
2カ国通貨間の金利差を為替レートのポイントで表したもの。「高金利通貨買い・低金利通貨売り」の場合はポイントを受取り、逆に「高金利通貨売り・低金利通貨買い」の場合はポイントを支払う。

ふ

■フィギュア (figure)
為替レートの読み方。たとえば、ドル／円レートが115.00の場合、日本語では115円ちょうどと表現するが、英語では「ワン・フィフティーン・フィギュア (one fifteen figure)」と表現する。

■フェイバー (favor)
保持しているポジションを現在のマーケット・レートで評価した場合に、利益となる状態。あくまで評価損益の状況を示すものである。⇔アゲインスト

■ブル (bull)
相場が上昇すると予想する、強気な見方。ブル（雄牛）が角を下から上に向かってつき上げて攻撃する姿になぞらえた。⇔ベア

■ブレトン・ウッズ体制 (Breton Woods Agreement)
1944年7月、連合国44カ国が、米国ニューハンプシャー州ブレトン・ウッズに集まり、第二次世界大戦後の国際通貨体制に関する会議が開かれ、国際通貨基金（IMF）協定などが結ばれた。その結果、国際通貨制度の再構築や、安定した為替レートに基づいた自由貿易に関する取り決めが行なわれた。その後約25年続いた国際通貨レートをブレトン・ウッズ体制という。加盟国の通貨レートは上下1％以内の変動幅でドルに釘付けすることが義務づけられ、ドル自体は1オンス=35ドルのレートで金に固定されたことから、「金ドル本位制」とも呼ばれた。

■プロフィット・テイキング・オーダー (profit taking order)
保持するポジションの利益を一定レベルで確定させるためのオーダー。売り持ちの場合には、現在のレベルより低いレベルに買いの指値オーダーを、買い持ちの場合には、現在のレベルより高いレベルに売りの指値オーダーを置く。
⇔ストップ・ロス・オーダー

■プロフィット・テイク (profit take) =利食い　⇔ロス・カット

へ

■ベア (bear)
相場が下落すると予想する、弱気な見方。ベア（熊）が、前足を上から下に向かって振り下ろして攻撃する姿になぞらえた。⇔ブル

■ペッグ制 (peg system)
自国の通貨を他の特定の通貨、たとえば米国のドルと連動させ、為替レートを一定の値に固定する制度。なお、連動していないその他の通貨との為替レートは変動する。

■ヘッジ (hedge)
すでに現在ある、あるいは将来発生する為替リスクを回避するために行なう外国為替取引。

ほ

■ポートフォリオ (portfolio)
個々の経済主体（企業・個人）が保有している金融資産の集合体のこと。

■ポジション (position)
保有している売り買いの持ち高。

■ポジション調整
保有する持ち高を減らすため、一部を決済すること。

■ボックス相場
相場が箱の中に閉じ込められたかのように、ある一定の比較的狭いレンジで上下動を繰り返す相場状況を指す。レンジ相場。

■ボラティリティ (volatility)
価格の変動性、変動率。変動率には、implied volatility（予想変動率）とhistorical volatility（歴史的変動率）のふたつがある。

ま

■マイナー・カレンシー (minor currency)
外国為替市場で多くの市場参加者が頻繁にかつ大量に取引している米ドル、日本円、ユーロ、英国ポンドなど主要通貨（メジャー・カレンシー）以外の流動性の低い通貨。⇔メジャー・カレンシー

■マリー (marry)
為替変動リスクを回避するため、手持ちの同一外貨の買い持ちと売り持ちを相殺すること。

■デフレーション (deflation)
有効需要が供給に対して不足するために生ずる一般的物価水準の低下現象。経済全体が縮小均衡の過程に入り、この時、貨幣量に比して財の量が多くなるため貨幣価値の上昇が生じる。⇔インフレーション

と

■独歩高（安）（どっぽだか）（やす）
他の通貨の動きにかかわらず、ひとつの通貨だけが高いことを独歩高、安いことを独歩安という。

な

■仲値=TTMレート

■投げ（る）
保有しているロング・ポジション（買い持ち）を損失覚悟で売ること。

■ナッシング・ダン (nothing done)
取引が成立（約定）しないこと。

■成行（なりゆき）オーダー
一定のレートを指定せず、市場で取引されているレートで売買をすること。取引制限などがある場合を除きオーダーは必ず成立するが、その瞬間の相場変動が大きい場合には、意図したレートから大きく乖離したレートで約定することがある。

■軟調
相場で、買い気乏しく下がり気味の状態。⇔堅調

■難平（なんぴん）
最初に買った（売った）レートより下がった（上がった）時に、ポジションの平均コストをよくするため、その下がった（上がった）レベルで、買い増す（売り増す）こと。

に

■日銀短観
企業短期経済観測調査。日本銀行が年4回全国の企業動向を的確に把握することを目的とする調査。

■ニュートラル (neutral)
相場の明確なトレンドを見極めがたく、ブル・ベアどちらの予想もしづらい"中立"の状態。

■ニューヨーク証券取引所
(=NYSE　New York Stock Exchange)
通称NYSE。上場銘柄数で世界最大の証券取引所。NYSEの株価指標は「ダウ工業株30種平均」で、この指標の動向は東京など他国の株式市場の相場展開にも影響を与える。

■ニューヨーク・ダウ
(=DJIA　Dow Jones Industrial Average)
ダウ・ジョーンズ社が1896年に12種平均として作成、1928年10月1日から30種平均として公表している米国の代表的な株価指数。ニューヨーク証券取引所に上場されている各セクターの代表的な30の優良銘柄を対象として、連続性を持たせる形で株価の単純平均を算出。

ね

■値洗い
保有するポジションを時価で評価換えすること。

■値頃感（ねごろかん）
市場参加者が、あるレベルで売ってもよい、あるいは買ってもよいと感じること。

は

■パリティ (parity)
等価、平衡価格の意味。為替取引では、直先スプレッドが金利差と一致している均衡状態をいう。またユーロ誕生後に、ユーロ急落過程、あるいはその後の回復過程で、1ユーロ=1ドルというレベルが意識された時、「パリティを割れる（回復する）」という言葉が盛んに使われた。

ひ

■ビッド (bid)
プライスを提示する側の買いレート。提示される側から見れば売りレートとなる。　⇔オファー

■連邦公開市場委員会（米国）
（＝FOMC　Federal Open Market Committee）
FRS（連邦準備制度）の金融政策に基づく公開市場操作（マネー・サプライの調節、金利・為替レート誘導など）の方針を決定する機関。FRBの理事（7名）、ニューヨーク連銀総裁（1名）、地区連銀総裁（4名）の合計12名で構成されており、少なくとも約6週間ごとに年に8回、火曜日（2日間の場合は水曜日にまたがる）に定例会合を開催、3週間後に議事録を公表している。

■連邦準備制度（米国）（＝FRS　Federal Reserve System）
1913年、連邦準備法により設立された米国の中央銀行システム。連邦準備制度理事会・連邦公開市場委員会・連邦準備銀行の総称。略してFed（フェッド）あるいはFRSと呼ぶ。

■連邦準備制度理事会（米国）（＝FRB　Federal Reserve Board　Board of Governors of the Federal Reserve System）
FRSの運営機関。7名の理事で構成され、議長、副議長は大統領の指名により決まる。全米に12ある連邦準備銀行を統括し、金融政策の変更、金融行政の遂行を行なう。

ろ

■ローソク足
価格の動きをグラフ化した時系列系チャートのひとつ。1本の足に始値、高値、安値、終値の4つの値、始値より終値が高いか（白地）、安いか（黒地）を表示する。1本の足で相場の強弱を、2本以上の足の組み合わせにより相場のトレンドを見る。

■ロールオーバー（rollover）
原則として取引日から2営業日後が資金受渡日である外国為替スポット（直物）取引について、スワップ・ポイントを加減して、その資金受渡日を翌営業日以降に繰り延べること。

■ロス・カット（loss cut）＝損切り　⇔プロフィット・テイク

■ロング（long）
レートが上昇した場合に利益が出るポジション。ドル／円の取引では、ドルを買っている（円を売っている）状態。　⇔ショート

B

■BRICs
近年急速に経済が発展しているブラジル（Brazil）、ロシア（Russia）、インド（India）および中国（China）の4カ国の英語表記の頭文字からとった造語。米国のゴールドマン・サックス証券が、03年10月の顧客向けレポートのなかで初めて用いた。

C

■Close
市場の終値、引け値。　⇔Open

■CPI（Consumer Price Index）
消費者物価指数。家計の消費構造を一定のものに固定し、これに要する費用が物価の変動によって、どう変化するかを指数値で示したもの。

I

■ISM指数
全米供給管理協会（Institute of Supply Management）が発表するアンケートによる景況指数。製造業指数と非製造業指数がある。指数はパーセンテージで示し、50％を分岐点として50％を上回れば生産活動拡大、下回れば生産活動縮小と判断される。

O

■Open
市場の始値、寄付き。⇔close

P

■PPI（Producer Price Index）
生産者物価指数。米国労働省が発表する生産者の出荷時点の価格変動を指数化したもの。日本の「卸売物価指数」と異なり、輸送費や流通マージンは含まれない。

V

■VISTA
BRICsに続く次世代新興国として今後高成長が見込まれるというベトナム（Vietnam）、インドネシア（Indonesia）、南アフリカ（South Africa）、トルコ（Turkey）、アルゼンチン（Argentina）の5カ国の英語表記の頭文字からとった造語。

め

■メジャー・カレンシー（major currency）
主要通貨。外国為替市場で多くの市場参加者が頻繁にかつ大量に取引している通貨。たとえば米ドル、日本円、ユーロ、英国ポンドなどがある。　⇔マイナー・カレンシー

も

■保（持）合い（もちあい）
相場に大きな方向性がなく、一定の小幅な範囲を上下するだけの小動きの状態、その動き。

■持ち高（＝ポジション）
保有している売り買いの持ち高。

■戻り
相場が下落トレンドにある時に、価格が一時的、調整的に上がる局面。ラリー（rally）ともいう。　⇔押し目

■揉み合い
比較的狭いレンジ内で、売り買いが交錯し小幅な値動きを繰り返すこと。

■模様眺め
相場の動向がはっきりしないために、売買が手控えられている状況。

や

■約定（やくじょう）
売買オーダーが執行される、あるいは売買取引が成立すること。

よ

■陽線
ローソク足の形状。始値より終値が高い場合に白地で表す。⇔陰線

■寄付（よりつき）
取引において最初に約定した価格。外国為替取引は、一般的に取引所取引でないため開始時間が特定されず、また相対取引のため、成立したレートが直ちに明らかにならないので、「寄付」という概念はない。しかし、チャートなどの作成のため、一定の時刻の気配値を始値（open）とすることが多い。東京市場では、ドル／円などについて日本銀行が9時の気配値をオフィシャルのオープンとしている。同様に1日の終値（close）は、米国東部時間の17時の気配値をとり、last heard（最後に聞こえた（レート））ともいう。

■弱材料（よわざいりょう）
相場が下がると予想されるような、あるいは下がった要因。⇔強材料

■弱含み（よわぶくみ）
相場の地合が軟調な状態をいう。　⇔強含み

ら

■ラリー（rally）＝戻り　⇔ディップ

り

■利食い
保有するポジションを、利益の出るレートで決済すること。プロフィット・テイク。　⇔損切り

■リクイディティ（liquidity）
取引の流動性のこと。たとえば、その通貨について取引制限がほとんどなく、市場参加者の信頼性が高く、取引量が豊富な場合に、「リクイディティがある」という。

れ

■レジスタンス（ライン）（resistance line）
抵抗線。レートがその線で上げ止まれば、反転し下落に転ずるとされるレベル。　⇔サポート（ライン）

■レンジ相場＝ボックス相場

■レバレッジ（leverage）
梃子（てこ）のこと。株の信用取引、外国為替保証金などは、この梃子の原理（レバレッジ効果）を使い、小額の投資資金に対し、数倍〜数十倍、時として数百倍の金額の取引を行なう。大きなリターンを得ることができるが、同様に大きな損失を被る可能性がある。

編者略歴

持田有紀子
もちだ・ゆきこ

アルジャントレード株式会社代表取締役／フィナンシャルプランナー

1988年慶應義塾大学法学部政治学科を卒業後、野村證券に入社。株式、日経オプション、ワラント債などのトレーダーや本店営業部を経験し、行動科学に基づく人事評価を行なう人事コンサルティング業に転身。00年以降はＦＸ取引や海外での先物取引を行ないつつ、日本の金融リテラシー向上に向けて活動中。
主な著書に、『外国為替取引（FX）はこうして稼ぐ』『夜の外国市場で儲けるテクニック』（ともに共著／アスカ・エフ・プロダクツ）などがある。

FXプライム
http://www.fxprime.com/
TEL:0120-340-925
e-mail:customer@fxprime.com

これからはじめる人のための
FX練習帳

2008年 4月20日　初版第1刷発行
2008年12月25日　初版第4刷発行

［編　　者］　持田有紀子 ＋ FXプライム

［イラスト］　座間陽子

［発 行 者］　増田義和
［発 行 所］　株式会社実業之日本社
　　　　　　〒104-8233　東京都中央区銀座1-3-9
　　　　　　TEL　［編集］03-3535-2482　［販売］03-3535-4441
　　　　　　http://www.j-n.co.jp/

［印刷・製本所］　大日本印刷株式会社

ISBN978-4-408-41130-9
©2008　YUKIKO MOCHIDA ＋ FX PRIME　Printed in Japan
落丁・乱丁の場合はお取り替えいたします。
実業之日本社のプライバシーポリシー（個人情報の取り扱い）は、上記アドレスのホームページをご覧ください。（事業開発）

本書は、投資の参考となる情報提供を目的としております。投資に関する最終的な確認および決定は、投資家ご自身の責任にてお願いいたします。実際の外国為替証拠金取引における損失につきましては、編者および株式会社実業之日本社、編集スタッフ等はいっさい責任を負いかねます。また、本書の内容は2008年2月現在のものであり、予告なく変更される場合があります。